本书受国家社科基金项目"财政分权与中国经济波动理论与实证研究"（项目编号：10XJL005）资助

财政分权、经济波动及其效率损失

丁从明　著

中国社会科学出版社

图书在版编目（CIP）数据

财政分权、经济波动及其效率损失/丁从明著．—北京：
中国社会科学出版社，2017.8
ISBN 978 - 7 - 5203 - 0997 - 4

Ⅰ.①财… Ⅱ.①丁… Ⅲ.①财政分散制—关系—宏观
经济—经济波动—研究—中国 Ⅳ.①F812.2②F123.16

中国版本图书馆 CIP 数据核字（2017）第 223016 号

出 版 人	赵剑英
责任编辑	刘晓红
责任校对	周晓东
责任印制	戴 宽

出　　版	中国社会科学出版社
社　　址	北京鼓楼西大街甲 158 号
邮　　编	100720
网　　址	http：//www.csspw.cn
发 行 部	010 - 84083685
门 市 部	010 - 84029450
经　　销	新华书店及其他书店

印　　刷	北京明恒达印务有限公司
装　　订	廊坊市广阳区广增装订厂
版　　次	2017 年 8 月第 1 版
印　　次	2017 年 8 月第 1 次印刷

开　　本	710 × 1000　1/16
印　　张	13.5
插　　页	2
字　　数	201 千字
定　　价	59.00 元

凡购买中国社会科学出版社图书，如有质量问题请与本社营销中心联系调换
电话：010 - 84083683

目　录

第一章 导论

本书主要研究财政分权制度与中国式宏观经济波动的关联以及与此相关的经济效率损失问题。具体而言，本书将探讨以下两个方面的内容：其一，中国的财政分权制度是否会对宏观经济的波动产生影响？如果存在，财政分权又是如何影响宏观经济波动的？其微观的作用机制是什么？其二，如果分权促进了经济波动，那么两者的经济效率损失是什么？即因为财政分权而导致的经济波动其经济成本是什么？

第一节 研究背景与研究问题

一 研究背景

改革开放以来，我国宏观经济增长一直保持着高速的增长势头，即使在经济新常态的今天，经济增长速度也达到了中高速7%的增长水平。与此同时，我国宏观经济波动则从最初的大起大落式的"剧烈"波动逐步演变为现阶段相对平稳式的"中位收敛"的新常态。尽管如此，我国的经济波动依然表现出明显的体制性特色，政府对宏观经济的干预和调控，对宏观经济波动的影响依然十分"显著"。作为改革开放以来最为重要的制度安排之一的财政分权制度，对经济增长的促进作用在学术界已经达成较为一致的认识，但是其对宏观经济波动的影响还没有引起学术界的足够重视。现代的宏观经济学研究表明，经济增长与经济波动并不存在泾渭分明的区别，如果财政分权制度对长期的经济增长具有明显的促进作用，那么我们有理由相信其对中短期的经济波动也应该起着某种程度的影响。

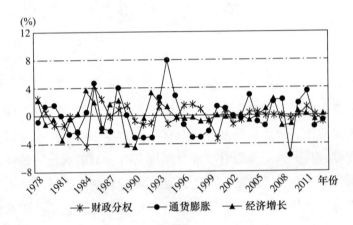

图 1 - 1　财政分权、通货膨胀与经济增长的变动趋势

从图 1 - 1①中不难发现我国的宏观经济波动情况与中央和地方政府之间的财政分权存在明显的亦步亦趋的关系：当经济萧条时，中央加大对地方政府分权的力度，促进地方财政支出，进而促进了地区的经济增长；与之相对应，则是通货膨胀率的缓慢上升。与通货膨胀相伴随的经济过热促使了中央政府采取较为"紧缩"的干预政策，而干预的结果则是经济的萧条、增长速度的放缓和通货紧缩。由此，政府又展开新一轮"周期性"的经济干预。宏观经济表现出明显的"一放就活，一活就乱，一乱就收，一收就死"，体制性波动的特征无论在改革开放初期，还是在90年代后期以来，都表现得非常明显。

二　研究问题

本书研究主要涉及由财政分权而产生的两个相关的内容：其一，

---

① 图 1 - 1 中的财政分权指标为剔除趋势后的指标，其指标详细说明参见第四章。

中国的财政分权制度是否对宏观经济的波动产生影响？如果存在，财政分权又是如何影响到宏观经济波动的？其二，在当前的财政分权与宏观经济波动的框架里，二者对经济增长的效率损失主要表现在哪里？

（1）财政分权制度对宏观经济波动的影响。财政分权对经济增长的影响，在学术界已经达成较为一致的认识，其作用方式诸如官员晋升、政府投资行为等也得到了学界的公认。然而，如果财政分权确实对长期的经济增长或政府的激励行为存在影响，那么它同样应该对短期的经济波动存在影响，毕竟长期的经济增长由短期的经济短波积累构成。沿着这条思路出发，本书将从宏观和微观两方面来探讨财政分权对宏观经济波动的影响。

问题1：在宏观方面，政府的财政支出如何影响宏观经济周期性波动？为何价格波动和经济增速之间呈现出高度关联性？为何财政分权与经济周期性的波动呈现出高度"共振"？相较于其他经济体，我国的宏观经济波动为何表现出特有的"一放就活，一活就乱，一乱就收，一收就死"的"活乱"循环？基于此，我们将在传统的总供给和总需求（AD－AS）模型基础上进行拓展，我们将构造一个带有挤出效应和生产率差异的总供给—总需求理论对上述问题进行分析。

问题2：在微观方面，为何财政分权促进了地方政府的财政支出规模的膨胀？是什么因素激励着地方政府的财政支出规模扩张？地方扩张性的财政政策对该区域的经济波动可能产生怎样的影响？基于此，本书将从地方政府的财政收入激励以及官员晋升激励的视角，建立一个官员晋升激励模型，并利用地方政府官员政治晋升的微观数据，对地方政府官员的晋升与地方基础设施投资行为内在关系进行理论和实证研究。

问题3：从中央政府与地方政府策略互动的视角看，地方政府的投资膨胀将如何导致中央政策的反应？预期到中央政府的"反应函数"后地方政府的理性预期又是如何应对？上述互动"策略博弈"对整体的宏观经济波动将产生什么样的影响？本书将利用地方政府财政分权指标和经济波动的指标，验证向地方政府更大程度的分权将导致宏观经济整体的更大的波动。

（2）在当前的财政分权制度及对应的激励机制下，分权及其对应的经济波动存在怎样的效率损失？在此，我们把由财政分权所导致的效率损失称为直接效率损失，把由经济波动导致的效率损失称为间接效率损失。基于上述定义，我们将进一步对其效率损失做如下探讨：

问题4：财政分权所导致的直接效率损失：中央政府对地方官员的业绩考核很大程度上取决于该地区经济增长情况，地方经济发展的禀赋条件差异决定官员政治晋升机会的差异。在此背景下，地区经济发展水平的差异将会怎样扭曲地方政府官员的激励强度？地方官员的激励扭曲会带来怎样的直接效率损失，对经济增长和地区发展差距会产生怎样的影响？基于此，我们将构建一个区域竞争模型，采用县级层面的数据，对上述问题进行探讨。

问题5：财政分权所导致的间接效率损失：财政分权导致了经济波动，那么经济波动会产生什么样的影响即间接效率损失呢？更具体而言，经济波动将对经济增长、生产要素的配置产生什么样的影响？现有的研究主要强调分权对增长的促进作用，但是没有认识到分权带来的经济波动对长期的经济增长还存在一个间接的成本。我们将基于资源配置效率的视角，从理论和实证两个方面对这一间接效率损失进行研究。

第二节　研究思路与研究方法

一　研究思路

本书秉承"制度决定行为，进而决定经济绩效"的研究思路，并将其具体化为"财政分权制度决定了地方政府的行为，进而产生了具有'中国特色'的经济波动模式；而波动模式又将带来相对应的经济效率损失"。图1-2直观地体现了本书的研究思路。

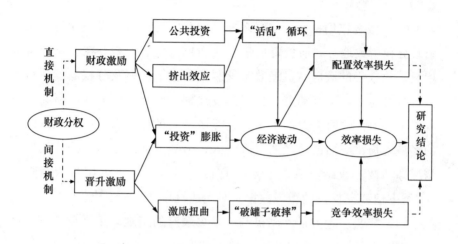

图1-2 研究思路

沿着图1-2，我们进一步将本书的研究思路做如下整理：

（1）制度框架：财政分权制度是中央政府和地方政府之间的财政和事务权力等关系的安排。该制度对地方政府的财政收支行为具有极大的影响，进一步影响到地方的经济发展水平及其对应地方官员的政治"前途"。可以说，财政分权制度是当前约束和激励地方官员最为重要的制度安排之一。在图1-2中，财政分权制度产生直接的"财政激励"和间接的"晋升激励"，而这两个激励将分别产生相应的投资和扭曲行为。

（2）宏观作用机制：随着中央赋予地方更多的财政方面的权力，即财政分权的扩张，将促进地方政府的财政支出水平提高。地方政府财政支出水平的提高一方面提升了社会的总需求水平，但另一方面也导致了对民间资本的"挤出效应"，考虑政府投资与民间投资相对效率的差异，政府的支出扩张很有可能降低整个社会的投资效率，影响社会总的生产能力。基于此，在宏观经济的总供给和总需求（AS－AD）框架中，财政分权一方面拉动了社会总需求，另一方面却很有可能降低了总供给水平，进而对整体经济波动产生影响。

（3）微观作用机制：与财政分权配套的官员晋升考核制度，是财政分权引致地方政府投资扩张（冲动）的核心因素。在以"经济增长"为核心的政府官员绩效考核制度安排下，财政分权制度让地方官员有能力，也有动力去积极地发展地方经济：一方面，财政分权给予了地方政府更大的干预地区经济发展的权力，来促进该地区的经济增长、增加该地区的财政收入；另一方面，更佳的经济发展情况即"政治业绩"有利于地方官员的晋升。本书采用省级官员（省委书记和省长）的微观数据，对上述机理进行实证检验。

（4）中央—地方的互动机制：中央政府的宏观政策微调，一旦被地方政府预期到，"理性"的地方政府将会进行更大规模的"投资冲刺"，以确保微调"靴子落地"之前，先把当地的投资项目上马，政策的"微调"诱发宏观经济的过热迫使中央政府行使更加直接和更加严厉的"行政措施"，最终的结果是宏观经济的"硬着陆"。这种中央与地方政府的互动博弈将进一步强化宏观经济的波动。

（5）直接效率损失：不同地区的经济发展水平、禀赋条件差异非常大，而以"经济增长"为核心的政府官员绩效考核制度安排，对不同地区的激励强度同样存在显著的差异。具体而言，异质性的经济发展水平，对应不同地区的竞争压力是不一样的：就经济欠发达地区而言，需要追赶相对发达的发展中地区；发达地区则需要避免被发展中地区赶超；发展中地区则一方面避免被落后地区赶超，另一方面需要赶超发达地区。因此，相对而言发展中地区面临着相对更大的竞争压力，而落后地区则相对较小。不同的竞争压力必然对不同地区的激励强度产生差异性影响，进而作用于区域的经济发展。基于竞争激励强度差异的视角我们可以预测，区域间经济的发展水平、收入差异有可能会被进一步拉大，越是落后的地区越有"破罐子破摔"的可能性。

与之相对应，在分权体制下，资源配置的非市场将进一步拉大地区发展差距，并强化落后地区的行政干预。其内在机制如下：首先，财政资源集中，首位城市与省内其他城市财税能力差距较大。其次，土地要素供给集中和首位城市工业用地价格偏低并行，进而削弱了省内其他城市土地要素的比较优势。最终体现为"低价工业化"现象和城市"摊大饼"式发展方式。最终，在经济发展上，那些越是动用行政干预手段进行城市化推进的地区，省会或者中心城市越是一股独大，但是与此同时，经济发展却越落后。这种分权式竞争的结果不一定是自然的市场化程度的加深，对于落后地区而言，这种竞争的后果可能是进一步强化了行政干预。

（6）间接效率损失：财政分权所导致的经济波动也会带来间接的效率损失，而这一效率损失主要体现在资源配置效率上。从微观企业角度讲，经济波动（价格波动）打破了企业原来生产要素的均衡配置：面对"微小"的价格波动，由于菜单成本（调整成本）的存在，"近似理性"的企业并不会立即调整生产要素的配置方式，然而当价格波动幅度导致企业因调整而产生的收益高于调整成本时，企业会跟进调整。因此企业的要素调整存在一个"门槛效应"。理论上，企业根据价格波动调整生产要素，其资源配置效率是最优的；然而由于调整成本的存在，使价格波动会导致资源配置效率的损失，而该损失是非线性的，其损失程度越大也就意味着在既定的投入情况下偏离潜在最优的产出水平越大。

二 研究方法

本书主要采用定性和定量研究相结合的方法。在制度分析和模型演绎的基础上，我们将采用计量分析对模型的假说和推论做进一步的验证。具体如下：

（1）制度分析方法：基于"制度决定行为，进而决定经济绩效"的研究思路，结合组织理论与激励理论，本书将探讨财政分权等制度安排所引致的"财政激励"和"晋升激励"的双重"激励"对地方政府行为的影响。在此基础上，我们进一步从微观视角分析了财政分权是如何影响经济波动的。

（2）模型演绎法：我们主要构建了三个理论模型进行演绎推理，并提出相关假说和推论：采用带有"生产率差异"和"挤出效应"的总供给—总需求模型（AS – AD 模型）分析了财政分权对经济波动的影响；基于地区竞争的博弈模型分析了由财政分权所带来的效率损失；基于企业生产调整模型分析了由经济波动所导致的效率损失。

（3）计量分析法：本书采用多种计量分析方法对以上模型的推论和假说进行实证检验。具体来说，我们采用了包括单位根检验和结构向量自回归模型在内的时间序列方法；包括随机效应模型、固定效应模型和动态面板模型在内的面板数据方法；基于超越对数生产函数的随机前沿分析方法。

第三节　研究结论与研究意义

一　研究结论

本书主要研究了财政分权与经济波动之间的关系。基于宏观和微观两方面，对财政分权可能影响经济波动的作用渠道进行了研究。其中，我们较为深入地分析了由财政分权所导致的竞争效率损失（直接损失）和资源配置效率损失（间接损失）。通过分析，我们得出以下四条主要研究结论：

（1）宏观机制：我国的宏观经济周期性波动表现出较为显著的"活乱"循环特征，即"一放就活，一活就乱，一乱就收，一收就死"，而财政分权及其相对应的政府官员"绩效"考核等制度安排对其经济波动影响显著。从宏观的角度来讲,在以"经济增长"为核心的官员绩效考核体系下,财政分权"刺激"了地方政府的投资,而地方政府的财政支出会对总供给和总需求产生非对称性的影响,这种非对称性的影响也造成(加剧)了经济波动。具体来讲,在政府的财政支出对民间投资存在不完全挤出效应时,其财政支出将使社会的总需求(AD)增加;然而考虑到政府的投资效率远低于民间资本效率,其扩张性财政支出很有可能降低了社会总的生产能力,即社会总供给(AS)水平的下降。进一步地,在社会总供给——总需求(AS–AD)的框架中,财政分权所引致的地方投资规模扩张导致了社会总需求曲线(AD)向右移动,而对应的社会总需求曲线(AS)却向左移动,两者共同作用的结果是价格水平上升(通货膨胀)和社会总产出水平一定量的增加(当然,也有出现社会总产出水平下降的可能)。沿着这条思路,我们就不难理解为什么我国的价格波动表现出显著的顺周期性,以及价格波动幅度远大于社会总产出波动幅度的原因。进一步地,考虑到中央政府对整体宏观经济过热的调控,"活乱"循环的周期性波动则得以体现,即"分权→地方政府投资规模膨胀→总需求水平大幅上升,供给能力小幅下降→经济过热(通货膨胀和经济高增长)→中央政府宏观调控→地方政府投资规模缩减→需求水平大幅下降、供给能力小幅上升→经济萧条(通货紧缩和经济增长)"。本书采用结构 VAR 分解方法,在分解我国宏观经济波动的总需求和总供给冲击成分的基础上,通过实证检验了该假说。

(2)微观基础:如果说地方投资膨胀促进了宏观经济的波动,那么在微观上,为什么财政分权会促进地方政府的财政支出膨胀?基于财政收入激励和政治晋升激励的"双重激励",本书研究了财政分权如何导致地方政府官员激励异化,从而促进投资规模的膨胀和投资结构的扭曲。这是研究的微观行为基础。使得"中国式财政分权"成为经济周期波动的微观基础在于地方政府官员的财政收入激励和政治晋升激励,二者共同的目标是促进本地经济的发展,从而从经济增长中获得税基的增加和晋升概率的提高。二者共同的手段则是利用政府财政支出规模和支出结构影响地区资本形成。二者共同的直接后果则是地区投资规模的膨胀。即一放就活。如果进一步考虑中央政府政策的微调和地方政府的应对策略。则分权带来的"活乱"循环可能会以更大的波动幅度表现出来。"预期到"中央政府的调控将刺激地方政府在更严厉的调控到来之前，将未立项、未上马的投资项目立项和上马，"闯黄灯的投资冲刺"造成宏观经济更大的波动，结果就是"一活就乱"。上述传导机制的传递路径可以总结为：财政分权→激励扭曲→投资膨胀→中央微调→地方投资冲刺→经济过热→中央严厉的行政调控→经济硬着陆→经济萧条带来新一轮的分权。本书利用省级官员任迁的微观数据，对上述传导机制进行了实证检验。

（3）直接效率损失：天下没有免费的午餐，财政分权导致宏观经济周期性波动，其具体的效率成本是什么？就直接效率损失而言，我们认为区域间不断扩大的收入差距，是财政分权所带来激励扭曲的最为直观的外部成本。即区域间竞争压力的差异所导致的竞争效率损失，也就是直接效率损失。具体而言，我国不同地区的经济发展水平差异非常大，财政激励和政治晋升激励对不同地区而言激励强度存在显著性差异：相较于落后地区和发达地区而言，发展中地区面临的激励强度最大，主要是因为面临着被落后地区的追赶和对发达地区追赶的"双重压力"，所以发展中地区对应的效率损失相对也就最低；但是落后地区和发达地区由于仅仅分别面临着追赶压力和被追赶压力的"单一压力"，其竞争压力相对较小，激励强度不足，其竞争效率损失较大。最典型如落后的贫困地区，明知道追赶无望，最好的竞争策略是"破罐子破摔"，激励的扭曲导致地区收入差距的进一步扩大。将上述逻辑简单归纳，可以发现区域的经济发展水平与竞争激励强度呈倒"U"形关系，而与竞争效率损失呈"U"形关系，即越是落后地区效率损失越大。基于我国县级面板数据，本书验证了分权对竞争效率损失的"U"形论断。从动态的、演化的视角看，竞争效率损失很有可能进一步导致区域间收入差距的持续扩大以及区域经济增长的"两极分化"效应：发展中地区对经济增长激励强度最大，一部分成功地追赶，实现赶超的则最终成为发达地区；而没有实现追赶的发展中地区则很有可能"沦落"为落后地区。最终，我国的东中西部收入差距的"三极分化"分布格局将逐步演变为沿海和内陆差距的"两极分化"格局。

（4）间接效率损失：财政分权同样还存在间接效率损失。其损失主要体现在由财政分权所产生的经济波动，特别是价格波动所引致的资源配置效率损失。资源配置效率损失定义为由于生产资源的配置或者生产要素的组合没有达到最优，使其生产并未达到最优产出水平的损失。我们在理论上构建了基于经济波动的微观企业最优生产要素调整组合模型，模型显示经济波动会产生资源配置效率损失，而随着经济波动幅度增加，其损失存在递减的情况，也就是说资源配置效率损失存在着"阈值效应"。具体机理如下：生产要素和产品价格的相对变化打破了微观企业原有的最优生产要素配置均衡，企业需要重新调整资源的配置组合使其达到新的最优产出水平。然而由于企业在调整资源组合过程中存在"不可忽视"的菜单成本（调整成本），促使企业不会对任何较小的价格波动做出及时、灵敏的反应，只有当企业通过调整资源组合所带来的收益大于调整成本时，"近似理性"的企业才会做出相应的调整。基于上述分析，可以发现：面对较小幅度的经济波动，其导致的资源配置效率损失较小，但随着经济波动幅度的增加，其损失也会逐步上升；但是这一上升不是线性的，当经济波动幅度过大而使其调整资源配置组合达到的收益高于其调整成本时，企业会做出相应的生产要素调整，此时，资源配置效率的损失达到最大值即为调整成本，进一步的价格波动也不会导致配置效率损失的增加。即经济波动对资源配置效率的损失影响是递增的，但存在边际效应递减的效应。本书采用超越对数生产函数的随机前沿方法，基于省级面板数据，从实证角度进一步验证了价格波动的配置效率损失。

二 研究意义

本书在理论和政策两方面具有重要的意义：

（一）理论意义

本书的理论意义主要体现在以下两方面：

（1）采用新政治经济学和制度经济学相结合的研究思路，基于财政分权制度这一较为独特的视角来解释我国宏观经济波动，丰富和拓展了相关的理论研究。制度对经济发展的影响不仅仅体现在微观个体行为的激励和约束以及长期经济增长上，而且在短期的经济波动中也扮演着重要的角色。选举制度和中央银行制度等制度安排在新政治经济学中被认为是影响宏观经济波动的重要因素之一，本书的研究表明：作为当代最为重要的制度安排之一的财政分权，一方面充分调动了地方政府发展经济、促进经济增长的热情，另一方面也是导致我国特有的宏观经济周期性波动的重要因素之一。

（2）本书分析了由财政分权所导致的间接效率损失，即经济波动对资源配置效率的影响。在传统的宏观经济理论中，长期的经济增长主要受到技术进步、资本投资及其制度变迁等因素的制约，而短期的经济波动则主要受到有效需求不足、货币供给及其他外生因素的影响，也就是说经济增长和经济波动两者的研究是分离的，存在着长期增长和短期波动两种不同的研究范式。尽管整合长期经济增长和短期经济波动两者的研究在学术界得到逐步的重视，但其传导机制在理论界并没有得到充分的研究，基于此，本书在对经济增长分解的基础上从经济波动对资源配置效率损失的视角探讨了由经济波动所导致的潜在影响。从某种程度上，本书是对当前经济波动与经济增长关系研究的一种弥补和丰富。

（二）政策意义

本书的政策意义主要体现在以下两方面：

（1）我们认为当前的财政分权等制度安排是导致我国宏观经济波动过程"活乱"循环的重要根源之一，为维护宏观经济波动的稳定，避免宏观经济体制性和制度性的波动，中央政府需要加强现有中央和地方财政关系的"顶层设计"。就本书的基本研究政策意义而言，首先是注意中央和地方在财政分权上的财权和事权的匹配，其次为在此基础上稳定中央和地方的财政关系。不稳定的财权和事权关系，极易导致地方政府在财政支出（投资）上的过度波动，既不利于宏观经济的稳定，也不利于民间资本的投资。

（2）财政分权不仅加剧了宏观经济的波动，而且也造成了地方政府激励的扭曲，即直接竞争效率损失。其效率损失最为直观地体现在区域间收入差距的逐步扩大。基于财政制度安排所导致效率损失的视角来理解我国区域间发展不平衡的加剧，其政策含义之一为改变当前以"经济增长"为核心甚至唯一考核官员业绩的考核机制，从体制上减少、避免扭曲的激励机制所引致的地方官员行为扭曲，从根本上遏制经济发展落后的地区在经济发展过程中的"破罐子破摔"现象，进而促进区域经济的协调发展。

第四节　研究创新与不足

一　研究创新

本书的创新主要体现在以下四个方面：

（1）本书从财政分权这一独特的视角研究了我国宏观经济周期性波动的制度基础。传统的对经济波动的研究主要利用凯恩斯主义、新凯恩斯主义、新古典主义等研究框架，但是对中国经济周期性波动研究过程中，我们发现：无论是凯恩斯主义的需求理论还是新古典主义的真实经济周期理论，都不能对传统中国的宏观经济波动提供一个逻辑一致的解释。借助于新政治经济学和制度经济学相关理论框架，本书认为中国式宏观经济波动更多源于财政分权制度，这与制度经济学的"制度决定行为，从而决定经济绩效"基本命题是一致的。

（2）基于微观视角即地方政府官员晋升，我们检验了财政和晋升的"双重"激励是地方基础设施投资膨胀的重要因素之一。从理论上讲，地方政府官员同时面临着财政收入激励和政治晋升激励的双重激励：财政激励的水平随着地区经济发展程度和税基的扩大而扩大，使得地方政府在"财权上收、事权下放"的不对称财政和行政关系中获得更加灵活的财政支配权；而官员晋升激励意味着在政绩的考核体制下，经济绩效较高者将获得更大可能性的政治提拔。上述双重激励意味着地方政府官员将具有更大的冲动进行地方基础设施的投资建设，从而导致地方基础设施投资规模远大于在中央统筹安排下的基础设施投资规模。上述要点正是"分权造成投资膨胀的微观基础"。

（3）我们探讨了财政分权对不同经济发展水平地区的竞争效率损失即直接效率损失。尽管财政分权制度激发了地方政府发展当地经济的积极性，但是由于财政分权对各地区激励强度存在扭曲，从而导致了地区间的竞争效率损失。本书提出，在当前的 GDP 绩效考核体制下，发展中地区的激励强度最高，其竞争效率损失最低；区域间的竞争效率损失与经济发展水平呈"U"形关系。该关系为我国改革开放以来区域间收入差距的持续扩大提供了较好的解释视角，同时也很好地解释了落后地区存在着激励扭曲即"破罐子破摔"现象。

（4）本书基于资源配置效率的视角研究了由经济波动导致的效率损失，即间接效率损失。相较于传统的将长期宏观经济增长和短期经济波动研究相分离的两分法研究范式，本书将经济增长和经济波动纳入同一框架下，探讨了短期经济波动对长期经济增长的影响。在将长期经济增长分解为技术进步、规模效应和资源配置效率的基础上，本书重点研究了经济波动对资源配置效率的影响。研究表明，经济波动对资源配置效率的影响是非线性的：经济波动对资源配置效率损失的影响是递增的，且存在着边际效应递减的效应。

其微观理论基础在于，由于企业在调整生产要素的过程中存在着固定的调整成本，因此在面临微小的经济波动时，企业不会对此做出及时、灵敏的反应，只有当价格的波动幅度迫使企业通过生产要素调整的收益大于调整成本时，企业才会进行相应的要素调整。企业面临不同经济波动所作出的策略性的调整行为意味着经济波动对资源配置效率损失影响的非线性关系存在。

二 研究不足

本书的研究不足主要体现在以下两个方面：

（1）财政分权对经济波动影响的传导机制探究并不完全充分。尽管本书基于社会总需求和总供给（AS - AD）的视角分析了财政分权对地方政府财政支出（投资行为）的影响，但是财政分权对经济波动影响的传导机制显然是多方面的，本书的研究仅仅是其中的一方面：其他可能的传导机制还包括财政分权与货币政策的内生性互动对经济波动的影响、地方政府的财政支出结构对经济波动的影响和财政分权所导致的区域间产业趋同对经济波动的影响等，这些均可能涉及本书的研究内容，然而本书并没有涉及，同时这也是以后我们需要重点关注和研究的方向。

（2）财政分权所引致效率损失的大小并没有进行深入的定量评估。本书提出由财政分权所引致的直接效率损失（竞争效率损失）和间接效率损失（资源配置效率损失），但我们不否认财政分权还会产生其他方面的损失。对本书来说，其不足之处主要体现为没有就其效率损失做深入的定量评估，即效率损失到底有多高？从某种程度上这也削弱了本书的严谨性。

第二章 基本概念与文献综述

本章中我们将主要围绕以下三个方面的内容进行探讨：①国内外财政分权理论的发展与应用；②国内外关于经济波动的相关研究；③国内外探讨效率损失的理论文献与经验研究。

第一节 财政分权概念与文献综述

一 财政分权概念

财政分权是指中央政府将一定的税收权力下放到地方，并同时对该权力的支出范围进行划分，在规定的范围里地方政府享有自主决定预算支出规模和结构的权力（Oates W.，1999）。财政分权具有很强的"财政联邦主义"形式。

"财政联邦主义"是处理央地财政关系的一种财政体系，以有效、合理地将公共资源配置到各级政府（地区）为目标，达成财政收支责权的最优配置（吴敬琏，2009）。在理想的状态下，当中央政府提供的公共物品完全契合社会资源的要素禀赋，完全符合、满足人民的需求偏好时，这样就能达到社会福利水平的最大化。同时，中央政府就没有必要向地方分权。然而，在实际的生产分配过程中，由于信息不对称、不完全等因素的存在导致中央政府在收集地方信息的过程中产生较高的成本，而地方政府往往因为信息的本地性特征而表现出更好的治理优势，由于地方政府离辖区更近，能够更加低成本、便利地了解居民偏好与需求，更有效率地提供公共物品。所以，一个理性的选择就是中央适度向地方政府分权。基于财政分权的巨大制度收益，20世纪后半叶，许多国家逐步开始尝试施行财政分权制度，将之前由中央政府统一管理的诸如就业、医疗和教育等公共服务下放到地方，并赋予地方政府与"事权"相称的"财权"。

我国现行的"分税制"财政制度，实际上也是财政分权的一种形式。"分税制"是指中央政府在划分中央与（各级）地方政府之间的事权基础上，结合税种的特性划分中央和地方政府在税收收入和税收管理的权限，并结合转移支付的预算管理体制。可以说，"分税制"就是我国财政分权的具体制度安排。

由于我国的财政分权制度与地方政府的财政收入激励、地方官员发展辖区经济的积极性以及官员晋升概率等高度相关，因此本书将地方官员激励考核制度和财政分权制度结合起来，纳入同一个理论框架体系中，视两者为一种互补性的制度安排。Xu（2011）梳理评述了中国改革和发展的基础性制度基础，将其命名为"一种向地方分权的威权主义体制"，简称"分权式威权制"；中央在政治、人事与晋升权上高度集权，保有绝对的权威，而在行政、财政、资源与经济控制权上向地方高度放权，形成"政治集权"与"经济分权"相结合的典型特征，在此我们称之为"中国式的财政分权"制度。值得注意的是，中央政府对地方政府的强有力控制是我国财政分权制度能够取得巨大成功的最为核心的因素（Frye, Shleifer, 1997；Zhurvskaya, 2000；Bardhan, 2006）。

二　财政分权文献综述

（一）第一代财政分权理论

在经典的经济学理论中，公物品具有非竞争性、非排他性等特征，因此，由市场提供的公共物品领域是供给不足的。作为一种互补的资源配置手段，政府可以有效率地提供公共物品吗？如果可以，中央政府和地方政府又该以怎样的角色划分呢？这引出了现有的关于财政分权必要性的讨论。

Tiebout（1956）较早就财政分权的必要性提出了解释，他认为当地方居民可以自由地在不同地区（辖区）流动时，地方政府为了获得尽可能多的税收，其前提是吸引更多其他地区的居民到本地区居住，这种区域性税收的竞争会激励地方政府提高公共物品供给的效率，使之更加满足居民的偏好与需求。此时，中央将公共物品提供权限下放给地方的"财政分权"策略将能改善社会福利水平，并能促进各辖区的经济增长。即使我们放宽 Tiebout "自由流动性"的假设，财政分权也同样可以达到高效配置资源的结果（Oates W.，1972；1999）。因为与中央政府相比，地方政府距离选民更近，因而其更能以较低的成本获得更加有效的居民需求与偏好信息；同时地方政府受到社会各方面的政治约束相对更少，因此其提供公共物品的效率要高一些。中央适当向地方分权是提高资源配置效率、改善公共物品使用效率的重要举措（Buchanan，1965）。然而，考虑到政府类型（级别）的差异，导致在公共事务方面的职责和管理权的不同，其税收类型也应有所差异，故从优化资源配置的角度来讲，国家应当把公共事务管理权进行有效的分解，并使之与中央、地方政府的职责相匹配（Muagrave，1959）。具体而言，地方政府在全国性国防支出、缩小区间收入差距及其宏观经济稳定等公共事务上缺乏积极性，同时考虑到经济主体在不同区域间的自由流动性，因而地方政府更加难以管理上述事务，因此需要将包括国防、收入分配和宏观经济稳定等公共事务职能交由中央政府管辖协调，地方政府则主要地负责与辖区发展直接相关的一些公共事务职能。在 Muagrave 对税收管理权分解研究的基础上，Oates 和 Schwab（1991）进一步探讨了诸如由地方政府征收流动性经济体的收益税、中央政府征收非流动性经济体的收益税等税收权力分配原则。

由 Tiebout（1956）开创的第一代财政分权理论主要围绕"分权可以提高资源配置效率"展开，以福利经济学的视角进行分析。但是每个辖区都同时存在两个利益主体，即地方政府与地方官员。这两个主体有着不同的利益诉求，即地方政府追求的是社会福利的最大化，而地方官员可能更多地看重自己的仕途与经济利益最大化，这就使官员的目标函数往往与社会目标函数发生偏离，因此从这个角度来讲，地方政府的行为很有可能达不到辖区利益最大化的目标。

(二) 第二代财政分权理论

第二代财政分权理论主要运用激励理论和契约理论的研究成果，其理论素材来源于苏联和我国等转轨经济的相关制度，主要代表人物是 Weingast、钱颖一和许成钢等。基于组织结构的视角，Qian、Xu（1993）对我国与苏联经济改革模式的绩效差异进行了探讨：苏联的计划经济体制类似于"U 形组织结构"，央地关系体现为一种垂直的、纵向的"条条"模式，而我国的央地关系与产业关系更像是一种"条块分割"的"M 形组织结构"。虽然"M"形组织结构丧失了"U"形结构专业分工的优势，但是却在制度可试验性、灵活应对外界反应和信息沟通等方面表现出更大的弹性（Xu and Qian，1993；Xu，Maskin and Qian，2000）。而这种"M"形组织结构就是二人随后提出的"分权式"或"维护市场的财政联邦主义"（Qian，Weingast，1997）。

Weingast（1995）、McKinnon（1997）、Weingast 和 Qian（1997）等学者认为，地方政府及其官员都以追求利益最大化为核心，因此想要实现政府官员与居民福利的激励相容，就需要提供一个有效制度设计来约束地方政府和官员的行为，而财政分权在促进地方竞争的同时约束了"寻租"行为，从而达到保护市场的目的。Weingast 和 Qian（1997）提出，财政分权实质上就是一种"可置信的承诺机制"：财政分权从某种程度上限制了中央政府的选择权和掠夺地方经济的可能；另外由于地方政府不能通过银行进行信贷扩张的制度安排硬化了地方政府的"预算软约束"，且这一约束会随着地方竞争的加剧而强化（Qian，Weingast，1998）。同时，出于扩大地方财政收入的考虑，地方政府也没有动力通过无限制放贷的方式保护辖区落后企业。根据上述逻辑线索，分权有利于激励地方竞争并硬化地方政府的"预算软约束"，相反，集权会诱致地方政府拓展制度外收入、非预算收入和预算外收入等，从某种程度上这会促使地方政府的角色改变，即从"援助之手"转向"掠夺之手"（陈抗、Hillman、顾清扬，2002）。

（三）财政分权与政府治理模式

然而分权一定会促进地方竞争吗？分权会一视同仁地改善所有国家的经济绩效吗？为什么俄罗斯没有取得中国一样的经济奇迹？为什么印度也没有出现持续的高速经济增长？Frye 和 Shleifer（1997）认为我国的财政分权制度的安排能成为"援助之手"的关键在于中央政府对地方政府的绝对控制力，而在俄罗斯的财政分权制度中促使地方政府变成"掠夺之手"的核心在于中央政府对地方政府较弱的控制能力，从而导致对地方政府对发展辖区经济激励的缺失或者不足（Zhurvskaya，2000；Blachaed and Shleifer，2001）。故将财政分权制度结合我国特有的国家治理模式，才能较为有效地解释我国的经济增长之谜。Bardhan（2006）认为，不同的分权内容是中印经济分野的重要原因。印度的分权主要体现在不断变化的选举形式上，地方在税收等领域并不具有实权，这直接诱致了地方官员与当地精英"合谋"攫取辖区公共资源，从而使社会财富进一步向少数人（精英阶层）集中。

政治集权是中国式分权成功的重要原因，但它并不直接促进经济增长，只有将政治集权的力量合理利用到经济发展之中，才能释放出地方政府发展辖区经济的热情。中国式分权造就中国奇迹的关键在于：中央对地方官员的任免和晋升拥有完全的控制权，通过将官员晋升（仕途）与辖区经济发展紧密挂钩，中国形成了以 GDP 增长为导向的"锦标赛制度"，排名越靠前的官员将拥有更大的升迁机会，这使得地方官员的晋升目标与辖区经济发展相容（周黎安，2004；2007）。这种由"向上级负责、由上级评价"形成的官员绩效考核机制，我们将其称为"自上而下的标尺竞争"（张晏等，2005）。"标尺竞争"激励地方政府相互竞争、互相模仿、互相学习，对地方政府的运作效率提高具有很强的促进作用（Besly and Case，1995；Martinez - Vazquez and McNab，2003；Baicker，2005）。进一步地，由于我国行政机制的"分包性质"，即中央政府向省级政府分包，省级政府向市级政府分包，市级政府再向县级政府分包，等等，基于这种"层层分包"的考核体系，就不难理解为何我国以经济增长为核心的晋升激励广泛存在于各级政府中，同时该考核体系也"成功"地将地方官员塑造出"企业经理"（周黎安，2008）。张五常（2009）生动地描绘了一个县长为招商引资而四处奔波的场景。

（四）实证研究综述

在经验证据上，财政分权与经济增长的关系存在较大争议。Xie、Zou 和 Davoodi（1999）应用美国数据验证了财政分权对经济增长的消极影响；而 Aakai 和 Sakata（2002）用美国 1992—1996 年 50 个州的数据得出截然相反的结论。Zhang 和 Zou（1998）较早地将之引入到我国的经济增长研究中，基于 1978—1992 年的数据分析发现，财政分权不利于我国的经济增长；这与林毅夫、刘志强（2000）使用分成率指标的结论相悖，关键原因在于财政分权指标的选取。利用 1982—1992 年的省级面板数据，金和辉、钱颖一等（2005）发现分权带来的财政激励有助于调动地方政府的积极性，Zhang 和 Zou（1998）识别出的负向关系可能源于遗漏变量偏误。张晏和龚六堂（2006）利用更加完整的数据集构造了包括预算内和预算外收支等在内的四类指标，再次支持了财政分权对经济增长的正向效应，但这一影响存在跨时差异和地区差异。Zhang（2006）利用 1993—2000 年全国 1860 个县级财政的面板数据，其结果也支持财政分权有利于我国的经济增长。利用 2001—2008 年的地级市数据，张曙霄和戴永安（2012）用面板分位数回归考察了财政分权对城市经济增长的正向影响，但这种影响在不同分位数水平下存在显著差异。

地方官员对经济增长的研究主要集中在官员更替、官员任期等方面。Li 和 Zhou（2004）、周黎安和李宏彬（2005）用省级官员数据检验了辖区经济发展对官员晋升的正向影响，从而验证了官员政治晋升动机对其发展辖区经济的激励作用。张军和高远（2007）发现官员任期内的经济增长轨迹呈现出倒"U"形的特征。王贤彬和徐现祥（2008）的研究也识别了这种倒"U"形关系，经济增长率的峰值大约出现在任期的第 5 年，而任期两端的经济绩效则因激励不足而表现不佳。王贤彬和徐现祥（2010）分别考察了省长和省委书记的任期内表现，发现二者具有不一样的倒"U"形轨迹，这主要是源于省长更短的任期预期，更强的短期晋升冲动使得省长的倒"U"形拐点出现得更早。姚洋和张牧扬（2013）利用 1994—2008 年我国 18 省 241 市市委书记与市长的面板数据分析了地方官员对经济增长的贡献，地方官员在城市间的调动会使得官员个人对经济增长贡献的比较从一个城市之内扩展到不同城市之间。杨海生等（2014）以 1999—2013 年的地级市官员为样本，发现官员更替所引发的政策不稳定性将对地方经济增长产生不利冲击。

第二节　经济波动概念与文献综述

一　经济波动概念

经济波动是指经济体（国家）在经济活动过程中出现的，不可避免的规律性的波动。包括经济扩张、衰退、收缩、复苏这四个阶段。这种波动仅具有周期性，而非定期发生，每个周期的持续时间具有不确定性，一般而言大致在一到十年左右（Arthur Burns，Wisley Mitchell，1913）。

现代宏观经济学家认为用经济波动衡量总体经济波动更合适，

他们认为宏观经济波动呈现无规律性，所以也不能仅利用已有的经济波动对未来的经济发展做出预测。Romer（2005）认为经济波动本身的无规律性和无周期性是经济波动的主要特征之一，而 Williamson（2005）指出"经济周期"概念本身就暗示了经济波动是可预测且有规律可循的，但波动本身不存在规律性，波峰与波谷对趋势的偏离呈现出无序性，且不同时间段内的波动频率与幅度也无迹可寻。Romer（2005）将经济波动简单地定义为某些经济总量指标体现出的明显的短期变动的特点，比如，产出减少和失业增加的阶段被称为经济的衰退时期，反之则为经济的繁荣时期。

本书采用的概念既非经济周期，也非经济波动，而是使用"经济周期性波动"这个名词，因为我们认为我国的经济波动与欧美国家的经济波动差别很大，不仅受市场经济的影响，更重要的是其背后的体制性原因，这使我国经济波动的周期性特征表现为"一放就活，一活就乱，一乱就收，一收就死"的"活乱"循环，所以本书用"经济周期性波动"这个名词来代表与欧美相异的中国式的宏观经济波动。

二　经济波动的文献综述

目前宏观经济学家还未对经济波动的特征事实及其成因达成共识（Snowdon et al. , 2005）。宏观经济学建立伊始，经济波动就是一个热门话题，不同流派的文献层出不穷，这也是现代宏观经济学争议难平的原因之一。本节梳理与本书相关的经济波动文献。

（一）凯恩斯主义对经济波动的观点

20 世纪 30 年代的大萧条时期，凯恩斯主义理论应运而生。其关于经济周期的基本观点是经济领域中总需求水平的变化引起宏观经济的波动。有效需求决定社会就业，宏观经济的总需求由投资、消费、政府购买和净出口构成。凯恩斯理论认为，在长期，由于存在资本边际效率递减、居民边际消费倾向递减规律和流动性偏好等因素，从而导致有效需求的不足，传统的货币政策不能有效促进社会总需求的增加，而政府采取"相机抉择"的调控宏观经济方式则能有效地刺激宏观经济总需求；在短期，由于居民对未来失去信心，导致其减少消费，对于企业家而言，未来的不确定同样会抑制其投资，进而导致短期的经济波动。凯恩斯认为企业家投资需求的波动来源于"人类本性"，这一非理性心理使投资家在经济势头高涨时过分乐观，预测高涨的经济形势会一直居高不下，而在经济衰退时又过于悲观，导致投资需求急剧下降。鉴于此，凯恩斯认为"人类本性的特点造成不稳定性"。

（二）货币主义对经济波动的观点

20 世纪 70 年代，美国经济出现了经济停滞与通货膨胀共存的"滞胀"现象。如果经济停滞需要政府采取扩张性的货币政策，通货膨胀则需政府采用紧缩性的经济政策，那么如果宏观经济中同时出现经济停滞和通货膨胀，政府该如何应对？显然，凯恩斯主义在滞胀期间显得捉襟见肘，于是以弗里德曼为首的经济学家发起了一场货币主义革命。货币主义者认为凯恩斯主义是一种静态的理论，而政府在该理论框架引导下做出的货币和财政政策会改变行为人的"心理预期"，从而使原本确定的经济关系变得不那么清晰，最终导致"滞胀"局面的出现（Frideman，1968a）。而这也恰好是"卢卡斯批判"的理论起源（Lucas，1976）。弗里德曼（Frideman，1956；Frideman and Schwartz，1963）通过复苏古老的货币数量方程式证明，短期内货币需求几乎不变，货币供给的变化才是引发经济波动和通货膨胀的根本原因。货币供给的持续变动可以解释大部分宏观经济领域的经济不稳定现象，利用相机货币政策对宏观经济进行微调只会产生更多的不稳定因素，所以弗里德曼（1970c）提出"通货膨胀无论何时何地都是一种货币现象"。

（三）新古典学派对经济波动的观点

新古典学派继承并超越了货币主义学派的经济波动理论。早期的新古典宏观经济学家主要借助卢卡斯（1972a）的"货币错觉理论"解释经济波动，强调货币因素在经济中的冲击及其传递，即扩张的货币政策带来难以预计的冲击，导致经济行为人在不同时间点上劳动的替代，进而引发就业和产出的双重变动，稳定的货币政策时间上的不一致性和政策本身的不可置信使央行有足够的动力去扩张货币供给（Lucas and Rapping，1967；Kydland and Prescott，1977）。而 Kydland 和 Prescott（1982）提出的"真实经济周期理论"革新了新古典学派的研究范式，强调对经济中真实因素的影响及其传导过程。经济中的真实因素既包括市场本身的波动因素，如各种技术进步、各类价格的波动等，也包括外部对市场的冲击如战争、政府管制等，这些都可能成为短期经济波动的重要来源。通过对宏观经济数据进行时间序列上的分解，Nelson 和 Plosser（1982）发现用实际冲击而非货币冲击来解释跨期总产出的波动轨迹更可靠，因为宏观数据往往具有"随机游走"的特征，这说明一个新的冲击会产生持续性影响，但名义冲击对经济不具有持续性效应，可以判断主要是供给方面的冲击在影响经济波动。Kydland 和 Prescott（1991）对美国的数据进行了校准，实证结果显示真实因素（使用索洛残差近似表示）解释了 70% 的战后美国数据中经济波动的方差。黄险峰（2003）和 Snowdon 等（2005）更加详细地评述了真实经济周期理论。考虑到真实经济周期理论不能较好地解释我国经济波动过程的特征事实，即价格波动的顺周期性，因此，本书仅仅借鉴了其中的"波动—增长"两分法，并运用这一方法进一步分析经济波动对资源配置效率的影响。

（四）新凯恩斯主义对经济波动的观点

在行为经济学和信息经济学的基础上，新凯恩斯主义进一步对传统凯恩斯主义的微观基础进行了补充。通过引入诸如公平感（Akerlof，1982；Akerlof，Yellen，1990）、效率工资（Yellen，1984；Stiglitz，2002）和菜单成本（Ball，Romer，1990）等概念，新凯恩斯主义证明了价格刚性、工资刚性、货币幻觉以及向下倾斜的菲利普斯曲线在理论上成立的可能性，造成宏观经济波动的主要原因在于微观协调失败（Ball and Romer，1991）和金融市场的不稳定。

Greenwald 和 Stiglitz（1993a，1993b）发现需求冲击效应的持久性可能是因为金融市场信息不对称，然而 Bernanke（1983）、Bernanke 和 Gertler（1995）则认为导致经济大萧条的主要原因是信贷体系的崩溃。

（五）新政治经济学对经济波动的观点

制度决定行为，从而决定经济绩效（North，1973；1981），制度对长期经济增长的影响已基本成为学界共识，但是如果将宏观经济二分为"波动—增长"，制度对经济增长和波动的贡献分别是多少呢？Nordhaus（1975）最早研究政党对西方经济周期的影响，利用1947—1972 年间 9 个国家的政治选举数据，Nordhaus（1975）发现志在连任的政治家的一系列拉票行为会导致宏观经济周期性的变动，即是选举中的政治家而非凯恩斯眼中的政府职能实施者引发了经济波动。由于党派差异可能产生制度差异，Hibbs（1977）研究了美国民主党与共和党在通货膨胀治理和失业率上的异同，发现党派之间的差异很大，相对共和党而言民主党则偏爱更高的通货膨胀率及其较低的失业率。进一步地，Rogoff 和 Sibert（1988）的研究则发现几乎所有的执政党都会在选举前实施扩张性的财政、货币政策，此研究表明经济体（国家）的经济周期体现出了现实的选举周期。Alesina 和 Summers（1993）发现在 OECD 国家，央行是否独立会对国家的平均通货膨胀程度（通货膨胀率）产生重要的影响。Persson 和 Tabellini（2004）则较为深入地探讨了政府形式、选举规则和财政支出三者间的关系。此外，不同政党之间迥异的意识形态也是宏观经济波动的重要来源之一（Drazen，2000）。

（六）奥地利学派对经济波动的观点

奥地利学派强调物价上涨只是扩张性货币政策的小部分影响，扩张性货币政策还会导致资源配置的扭曲与收入再分配。这一思想与本书第九章的结论基本契合。门格尔（Menger，1871）提出的货物等级理论和庞巴维克（Eugen Bohm - Bawerk，1959）提出的资本理论是奥地利学派的经济周期理论起源，而米瑟斯（Mises，1912；

1941）和哈耶克（Hayek，1931；1939）在此基础上做了进一步的完善从而形成现有的体系，其基本的理论机理为：扩张性的货币政策导致市场利率水平下降，以至其水平低于消费者预期的"自然利率"，进而促使消费领域的生产要素向资本密集型生产领域流动，同样，利率水平的下降让企业家低估了资本的真实价格。相对消费品价格，生产要素价格因货币政策的扩张而上升；相对劳动密集型行业，资本密集型行业因货币政策的扩张而膨胀。考虑到货币扩张政策产生的"额外收入"最终需要消费者"埋单"，而消费者对真实消费品的偏好短期内很难改变，因此这样的扩张模式不具有可持续性。考虑到生产资源已从消费品行业转向资本品行业，因此生产也会发生逆转，此时生产要素需要从资本品的生产领域再逆流回到消费品的生产领域中。生产要素第一次逆流时启动的资本项目很有可能在第二次逆流的过程中成为"烂尾工程"，其危机随之到来，因为资本品行业的生产周期太长会使资源供应不足。当初盲目性投资的项目将面临破产，进而提高了失业率。只有将最初的错误投资全部清算，经济才能恢复正常的运转[1]。总结上述理念，奥地利学派的基本思想是：危机是对以往错误投资的清算，而繁荣仅仅是相对价格扭曲产生的假象；通货膨胀不仅造成货币贬值与物价上升，还扭曲了生产结构。

（七）我国经济波动的文献综述

1978 年以来，我国的宏观经济时而过冷时而过热，宏观经济波动表现为"大起大落"的特征事实与"治乱"循环（林毅夫，1998）。早期的经济学家将中国的经济波动周期归因为投资周期（Rawski，2002）。Naughton（1986）较早提出了关于社会主义经济的投资经济周期模型，认为引起经济波动的主要原因在于地方政府控制下的投资规模变动：几乎每一次经济过热都与财政分权紧密相

---

① 关于奥地利经济周期理论的研究综述可参考 Jesus Huerta de soto，*Money*，*Bank Credit and Economic Cycles*，2006。

连，对应的每次经济萧条都与财政权力的集中高度相关。樊纲（1994）、Imai 等（1994）等学者研究了国企预算软约束和投资饥渴对中国经济周期的影响。

随之经济学界就发现，中国的政治体制是导致国有企业投资饥渴（即过度投资）的核心因素，进一步地，陶仪芬（2004）发现我国的经济周期表现出十分明显的"政治经济周期"。1987 年以后，每次党代会期间都有放松银行信贷的迹象，总固定资产增长率的四次峰值分别出现在十三大至十六大召开的次年。刘霞辉（2004）提出央行货币供给量的不断变化是影响我国宏观经济波动的重要因素。李斌和王小龙（2006）基于委托代理理论，建立了中国政治体制对经济周期影响的模型，发现我国的经济波动与地方政府换届之间具有十分密切的关系，认为改革开放以来我国的经济周期其实质就是政治经济周期。刘瑞明和白永秀（2007）则进一步提出我国经济周期为"晋升体制周期"和"宏观调控"的产物。王贤彬等（2009）考察了官员更替与经济增长的关系，发现官员更替主要影响短期经济波动，而非长期经济增长趋势。Rodden（2002），周业安和章泉（2008）的研究也佐证了这一观点。利用 1978—2008 年的省级面板数据，梅冬州等（2014）发现，党代会召开前一年更强的监管会使各省的名义 GDP 增速适当下滑，而党代会次年的晋升激励会伴随着监察力度的弱化而表现为更高的固定资产投资和 GDP 增长率。

自 1995 年我国宏观经济成功实现"软着陆"以来，我国的宏观经济先后经历了"缩长"和"两高一低"等新态势，经济波动逐步从"大起大落"转向"高位收敛"（刘树成，2006；2009）。龚刚和林毅夫（2007）则进一步探讨了在经济高位增长时出现"缩长"现象的可能性，发现高增长后出现通货紧缩现象是有逻辑基础的：起初投资膨胀使得需求膨胀，政府为了管理需求将会采用反通胀政策，形成通货紧缩，然而考虑到由前期的过度投资形成的生产力过剩仍然在促进经济增长，于是形成通货紧缩和经济增长并存的现象。随着宏观经济呈现"两高一低"（高增长、高就业、低通货膨胀）的发展态势，越来越多的经济学家将研究经济波动的目光从体制因素转向真实经济周期理论，其中比较有代表性的学者有卜永祥和靳炎（2002）、陈昆亭和龚六堂（2004，2006）、胡永刚和刘方（2007）、陈晓光和张宇麟（2010）等。

最后，基于财政分权理论能较好地解释我国经济增长的实际情况，学术界开始尝试将财政分权与经济波动联系起来，Brandt 和 Zhu（2000）较早地尝试采用该理论来研究我国的经济波动和价格顺周期行为，具体的逻辑在于分权导致的信贷分流有利于民营企业发展，而民营企业更高的效率增加了整个社会的总产出；而物价上涨是源于分税制改革后中央财力的下降，为了兑现对国企的福利承诺，中央不得不实施财政赤字货币化政策。沿袭 Brandt 和 Zhu（2000）的理论框架，Feltensteina 和 Iwata（2005）利用带有潜变量的 VAR 分析发现，1952—1996 年的财政分权确实是经济波动的重要来源。郭庆旺和贾俊雪（2006）认为区域间的财政竞争是导致地方政府进行违规操作（投资）的根本原因，而这也是导致我国宏观经济波动的主要原因之一，影响我国经济周期性波动的体制性因素不仅没有消失，反而被强化了（丁从明，2009）。将影响区域经济波动的因素分解为地方政府冲击和产业冲击的基础上，李猛和沈坤荣（2010）发现地方政府冲击能解释 30% 及以上我国的经济波动。饶晓辉和刘方（2014）也估算了政府生产性支出（基础设施投资等）对经济总波动的贡献，该比例约为 23%。

第三节　效率损失概念与文献综述

一　效率损失概念

在经济学的资源配置领域研究中，效率的研究是重点。效率是指在资源和技术等约束条件下，产生能满足人们最大需求（满足程度）的状态，即帕累托最优。衡量效率的方法在不同的领域还存在着差异，如在生产领域中使用"等边际产出"原则来衡量效率，在资源配置领域中则运用"等边际效用"原则来进行衡量。与效率相对应，本书中效率损失的含义是：由于可以轻易地判断某些限制条件尚可改变，所以事物的状态并未达到帕累托最优的状态。

本书主要研究由财政分权导致的竞争效率损失和资源配置效率这两类效率损失。竞争效率损失，即由财政分权直接导致的竞争效率损失，又称直接效率损失，是指在财政分权和政治晋升等制度安排的背景下，对不同区域地方官员激励强度的差异导致的不同地方经济发展绩效，其直观地表现为区域间收入差距的不断扩大；资源配置效率损失，即间接的、由经济波动尤其是价格波动所引发的资源错配与效率损失，又称间接效率损失。Aigner 和 Chu（1968）将全要素生产率的变化分解为技术进步和资源配置效率的提高，在此基础上，本书将资源配置效率损失定义为实际产出与生产前沿的偏离。

二 效率损失文献综述

（一）财政分权的效率损失综述

财政分权在带来制度收益的同时也存在（产生）相应的成本，也就是效率损失。效率损失中最为明显的表现就是地方保护主义、"诸侯经济"（沈立人、戴园晨，1990；银温泉、才婉如，2001；林毅夫、刘培林，2004）和产业同构、重复建设（周黎安，2004）。由于政治晋升的主要依据是锦标赛中的相对排名，提升自身政绩的有效策略是在促进本地经济增长的同时阻止竞争对手发展，所以当权者一方面阻止外地商品流入本地市场，另一方面努力吸引外地资本到本地投资（周黎安，2004）。Young（2000）和 Poncet（2002，2003）则惊讶地发现，尽管我国的市场化程度在不断地提高，但区域间的市场却并未形成整合趋势，与此相悖市场分割的趋势反而越来越明显，市场分割造成的效率损失也被进一步放大（郑毓盛、李崇高，2003）。贸易保护主义对中国国内市场整合产生了极大的阻碍作用（严冀、陆铭，2003）。

财政分权因地区间初始禀赋的不同而对各地区产生差异性影响。张晏、龚六堂（2005）发现财政分权对东部及发达地区的经济发展产生较为积极的影响，但对中西部地区产生的影响多是负面的或者难以确定的，这说明财政分权对不同地区的影响存在差异。Zhang（2006）认为财政分权对经济增长产生的影响是好是坏，很大程度上取决于当地的初始经济结构，由于经济发达地区拥有较低的工业税，所以在招商引资方面具有先天优势，这会形成一个良性循环；而落后地区较高的工业税并不具备招商引资的吸引力，从而形成"穷者越穷、富者越富"的恶性循环（陆铭等，2004）。Tsui（2005）则基于我国1994—2000年的县级面板数据研究发现，财政转移支付和税收返还不但没有达到预期的缩小区域间财政差距的目标，反而拉大了区域间财政差距。这一症结在于分税制改革的税收返还主要是增值税（来自制造业及服务业部门），这使发达地区反而获得了更多的税收返还（黄佩华，2005）。在财政分权产生的激励竞争中也存在着"扭曲"的激励，财政分权对不同经济发展水平地区的激励强度存在着差异，即倒"U"形曲线关系，而这能较好地解释经济发展落后地区的"破罐子破摔"现象以及区域间收入差距的持续扩大（丁从明，2008）。

中国拥有发展中国家最奢侈的基础设施（张军等，2007）。为什么中国政府远比其他国家的政府在基础设施建设上更有作为？其激励何在？基于100多个国家长达两个世纪的跨国面板数据，Henisz（2002）发现基础设施供给水平差异的背后更多地表现为政府治理水平、管理模式与地方官员作为的差异，政治环境是解释区域基础设施投资差异的关键因素。傅勇和张晏（2007）提出财政分权对地方政府的财政支出结构产生了十分显著的"扭曲"效应，向上负责的"标尺竞争"存在明显的"重基础建设，轻科教文卫"的特征。地方政府对基础建设的投资过分热情，甚至导致供过于求，而对人力资本和公共服务等领域的投资却相对不足（滞后），甚至无法满足公民的基本需求。

（二）经济波动的效率损失综述

关于由经济波动产生的成本研究中，早期的研究主要重视由通货膨胀所产生的成本。Bailey（1956）较早地从消费者剩余的视角探讨了美国的通货膨胀对经济产生的成本，发现通货膨胀所产生的成本非常小且仅为国民收入的0.3%—1%。随着"波动—增长"两分法研究范式的逐渐发展，经济学家开始重新看待由经济波动产生的成本。Ramey 和 Ramey（1995）基于 92 个国家 1950—1985 年的面板数据研究发现，短期的经济波动对长期经济增长存在着"抵消"现象，即使将投资投入波动纳入研究模型，上述关系依旧稳健。这一研究给后来的学者提供了有益的思路和启发，实施稳定经济的政策除了具有"微小"的福利效应外（Lucas，1987），更能对长期的经济增长起到稳定的作用。Aizenman 和 Marion（1999）认为在"波动—增长"关系中，投资的变动起着重要的作用，经济波动对私人投资具有显著的负面影响，然而考虑到政府公共投资的逆周期性，经济波动与社会总投资的负相关关系有可能会被打破，这无疑暗示了 Ramey 和 Ramey（1995）也许高估了经济波动的独立性影响。基于经济结构的视角，Hnatkovska 和 Loayza（2003）探究了"波动—增长"之间的非线性关系，即金融体系的完善程度越低、居民收入水平越低的国家，波动对经济增长的消极影响也相对越大。Imbs（2007）检验了部门间的波动指标，发现波动对产出呈现出积极影响，反映了部门间的"风险回报关系"，但加总的数据却显示波动对增长具有消极影响，这可能是因为跨部门波动的相关性。

国内学者胡鞍钢（1994）较早地就经济波动和增长之间的关系展开了探讨，刘金全和张鹤（2003）、李永友（2006）和卢二坡（2007）等则从实证的角度对两者的关系进行进一步的验证，但结论却存在很大的差异：李永友（2006）和卢二坡（2007）发现波动不利于经济的增长，而刘金全和张鹤（2003）却发现波动有利于经济的增长。通过对全要素生产率的分解，丁从明（2010）检验了价格波动与资源配置效率损失之间的非线性关系。在第九章中我们将采用基于超越对数生产函数的随机前沿分析法（SFA）来研究波动与资源配置效率的内在关联。

第四节　本章小结

由于本书研究的是交叉性领域，相关文献较为繁杂，因此本章根据研究需要梳理了联系较为紧密的主题，包括财政分权、经济波动与效率损失。目前学界主要关注财政分权对经济增长的影响，以及分权对地方官员的政治晋升激励。还鲜有学者从财政分权的角度专门探索中国的宏观经济波动。尽管中国的经济波动已经从分税制改革前的"大起大落"发展到如今的"高位收敛"，但我们仍不能断言影响经济波动的体制性因素已经不复存在，或者说被减弱了。与此相悖，本书认为体制性因素仍是影响我国宏观经济"周期性波动"的重要制度根源之一。

财政分权和经济波动均会对经济体的效率产生一定程度的效率损失，其分别为由财政分权导致的区域间竞争效率损失（直接效率损失）和由价格波动导致的资源配置效率损失（间接效率损失），我们将在以后章节予以详细阐述。

第三章 中国财政分权历史概述：制度框架

在本章中，我们将对"财政分权制度"演变历程作详细的归纳介绍，这既有助于我们了解中国财政分权制度的演变过程，也可以为本书其他章节的内容提供必要的历史材料。本章的结构安排如下：第一节整理和总结了新中国成立初期至改革开放前的央地财政关系，我们发现的一个典型特征事实是，早在改革开放之前，央地财政关系就已经是我国经济波动的主要来源之一，鉴于政治和其他非经济因素在当时表现得更明显，分权与经济波动的关系才一度被掩盖。第二节主要阐述了1980—1994年分税制改革前夕的央地财政关系，主要表现为"分灶吃饭"和"不稳定性"的特征，这也是20世纪80年代中国宏观经济大起大落的根源之一。第三节主要分析了分税制改革以来的央地财政关系，尽管分税制改革使央地财政关系渐趋稳定，但随着政治激励的强化以及官员晋升竞争的逐步升级，央地财政关系的"活乱"循环不仅没有结束，反而在一定程度上被加强了。

第一节 1949—1979 年：统收统支的财政关系

一 新中国成立初期统收统支的财政关系

一个国家的发展布局往往需要财政制度上的契合。新中国成立初期由于中国大力发展重工业，在这样的战略布局下，"高度集中、统收统支"的财政体制应运而生（林毅夫等，1998）。表3-1列示了我国在新中国成立初期至改革开放前的财政管理体制变迁脉络。在整个计划经济时代，社会资源总体集中在中央手上，由中央统一调配资源，但是在某些特殊时期，为了调动地方积极性，央地财政关系还是做了多次调整，以适应不同时期不断变化的政治经济形势需要。总体而言，该阶段央地财政关系始终在"统收统支"的体制下，不断以提高地方收支自主与维持央地收支挂钩并举为策略进行调整。

表3-1　　　　　　　　　　　财政管理体制变迁

实行时间	财政体制简述
1950 年	高度集中，统收统支
1951—1957 年	划分收支，分级管理
1958 年	以收代支，五年不变
1959—1970 年	收支下放，计划包干，地区调剂，总额分成，一年一变
1971—1973 年	定支定收，收支包干，保证上缴，结余留用，一年一定
1974—1975 年	收入按固定比例留成，超收另定分成比例，支出按指标包干
1976—1979 年	定收定支，收支挂钩，总额分成，一年一变，部分省市实行"收支挂钩，增收分成"

资料来源：李萍：《中国政府间财政关系》。

究其原因，该阶段央地财政关系的频繁调整是我国政治不稳定的产物。为了与动态调整的国家发展战略保持一致，中央与地方的财政关系在"收—放"之间相继摆动。如表3-1所示，在新中国成立初期至改革开放前的短短30年里，中央与地方之间的财政关系共发生了7次调整，平均调整频率短至4年一次，这使得同时期的财政关系一直处于高度不稳定的状态。

（1）新中国成立初期，我国处于百废待兴的阶段，该阶段的主要政府目标是稳定物价以及恢复国民经济，所以中央政府准备凭借高度集中的财政管理体制掌控全局，在财政管理权与财权被集中把控的同时，地方财政支出也作为国家预算的一部分统一管理。其中一个重要的标志是政务院于1950年发布的《关于统一国家财政经济工作的决定》。尽管这种高度集中的管理体制存在种种弊端，但作为一种过渡性的举措，它在短期内实现财政收支平衡以及稳定物价等方面效果显著。

（2）随着中国经济的逐渐复苏，高度集中的财税管理体制暴露出越来越多的弊端，导致各级地方政府的资金使用效率以及积极性大大受挫。为了应对这一系列弊端，伴随《关于1951年财政收支系统划分的决定》的颁布，分级管理的财政模式揭开序幕。财政支出方面，按照行政企事业单位的隶属关系由央地共同承担；而财政收入也不再是"一刀切"地归入中央的口袋，根据税收事项分为中央财政收入、地方财政收入和中央地方比例解留收入。由此可见，1994年的分税制基本思想其实早在1951年的财政体制中就有了萌芽。1951年的财政体制改革给予了地方政府一定的收支范围，为地方自主收支留下了口子，从某种程度上而言，财政收支的重新规划使得地方有了更大的积极性，但是由于此次财政关系的改革规模较小，因而在调动地方政府积极性上的政策效果也非常有限。

如图3-1所示，在整个20世纪50年代，地方政府的财政规模（财政收入和财政支出）都只能维持在相对较低（20%左右）的水平。如果与当时我国的主要战略布局相联系的话，就会发现同时期我国正在进行抗美援朝以及"三反""五反"等社会运动，而这需要雄厚的中央财政实力做支撑。可见，越是不稳定的社会环境越需要中央集权的财政管理体制，同时对备战的判断以及重工业基地的建设也需要集中的中央财政体制的支持。

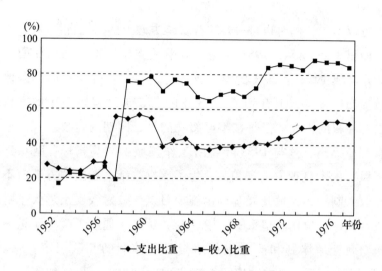

图 3 - 1 地方政府收入支出比重

资料来源：历年《中国财政统计年鉴》。

二 "三年自然灾害"前后的财政关系

1958 年以后，我国的社会主义改造基本完成，开始进入第 2 个五年计划时期，为了适应国有企业陆续投产的需要，地方政府需要更大的财政自主权限。故国务院颁布了《关于改进财政管理体制的规定（1957 年）》（以下简称《规定》），《规定》扩展了各级地方政府的财政收支范围，集中体现为财权的进一步下放，地方政府可以共享央企的收入分成。与过去"以支定收，一年一变"的财政分配关系相比最根本的变化是，现在央地的财政关系转变为"以收定支，五年不变"模式。这种财政关系的根本性变化改变了由中央决定顶峰财政支出的局面，地方政府的积极性不断地被调动起来。过去，中央政府在地方财政支出上有着极大的权限与弹性空间。中央政府以地方各年的支出需求为基础，对地方的收入上下限以及税收留成做出统一决定。通过此次改革，在五年期内地方将能自主决定本区域范围内的财政支出，这使得央地财政关系的分裂性在一定程度上得以削弱，同时也进一步增强了地方政府的财政自主性。

如图 3 - 1 所示，1958 年是地方财政支出比重大幅增加的一个转折点，较 1957 年 29% 的财政支出比而言，仅仅一年时间，地方财政支出比重迅速上升到了 1958 年的 55.7%，这得益于地方财政支出自主权的扩大。但是，不可忽视的是，同期的财政收入比重却没有相应提高，这与 1958 年经济工作领域中"高指标、瞎指挥和浮夸风"的不良现象紧密相关，为了比拼政绩，各级地方政府不顾财政收入制约，大举开展基础设施项目，导致财政支出远大于财政收入。在这样迫切的情形下，1959 年，国务院通过了《关于进一步改进财政管理体制和改进银行信贷管理体制的几项规定》，适当"收"回了一部分地方政府可自由支配的财力，以更好地实现财政计划与国民计划的协调，财政管理体制又回到了"一年一变"。但是，1959—1962 年，中国面临严峻的挑战，一方面面临三年困难时期冲击；另一方面苏联单方面撕毁援建合同。在这样的双重打击下，中国经济陷入"寒冬"，为了方便中央政府的统筹协调，故而1959 年的规定并没有被严格地执行。中央政府在 1961 年到 1963 年间曾连续多次发文，不断加强财政管理纪律、集中财权、平衡财政信贷。经过多年的努力，直至 1965 年我国的各项经济指标基本达到首个五年规划的最佳期水平。

三 "文化大革命"期间的财政关系

1970 年，为了激发各地区的经济发展活力，国务院发布了《第四个五年计划发展纲要》，纲要的主旨思想是进一步向地方放权，活跃地方经济。与以往放权不同，本次放权更多地对央企做出重大变动，央企被广泛地分配至地方，这一举措给地方提供了财政收入的主要来源。与此同时，根据 1971 年发布的《关于实行财政收支包干的通知》规定，年度结余的财政盈余不再由中央和地方按比例分成，在保证上缴的同时，地方政府可以全额自主支配财政盈余。可以看出，此次放权的另一重大变革在于地方将享受到更大的财政盈余支配权。财政收入越高，地方留存就越多，这使地方官员成了"剩余索取者"，有极大的热情推动辖区经济发展，进而实现当地税收收入的最大化。

如图3-1和图3-2所示，1970年的财政体制改革从根本上改变了央地财政关系的配置格局，地方的财政收入与支出占比大幅度上升。地方财政收入比例甚至在1971年和1972年分别达到了83%和86%，实现了央地财政分成比例的逆转。就预算内财政收入而言，1968—1972年，全国与地方预算内财政收入分别从361亿元、254亿元提高至766亿元、660亿元。数据表明，地方占比份额波动上升，从1968年的70%升至1972年的86%。1970年，我国的GDP增长率也创下了历史新高，高达19.4%。

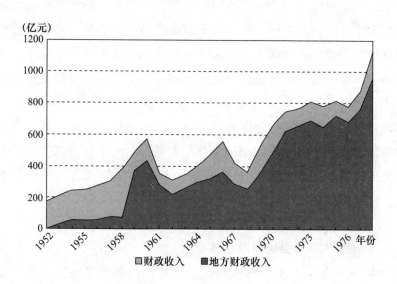

图3-2　预算内财政收入与地方财政收入

资料来源：历年《中国财政统计年鉴》。

然而，"文化大革命"的浪潮又破坏了70年代初期一片向好的经济形势，该时期的财政收入难以维持地方政府现有的财政支出，从图3-2可知，在1973—1976年，全国财政总收入和地方财政收入都陷入了停滞增长阶段。在这样的经济社会背景下，1973 年中央提出新的财政管理政策，在这样的财政制度下，虽然"文化大革命"期间的全国整体财政支出得以保障，但随之而来的是一系列问题：财政收支脱钩、地方留成比例偏低、财政支出权责模糊等，这些问题的存在使得地方政府的积极性受挫，1973 年的财政管理体制只是不稳定经济环境下的权宜之计。

1976—1979 年，我国开展了改革开放前的最后一次财政关系调整，又一次建立了新的财政管理政策，在此次改革中，中央政府将扩大地方财政收支范围作为出发点，在此基础之上适度放宽对地方财政的管理权限。此次调整使得地方的财政利益在一定程度上得以整合，激励了地方政府的努力程度。但是这次财政关系调整也存在一个重大的缺陷，即"一年一变的总额分成比例"诱致各级地方政府致力于争取财政指标，而忽视了改善财政收支质量，从而使财政预算的实施效果远远低于预期。1978 年实行新的财政体制改革，这种财政管理模式为：在总额分成的总体要求下，对增收部分按比例分成。然而，这里的增收部分是以地方上年的财政收入作为参照，本年超过参照数值的部分即为增收值。这种央地的财政关系一方面使得地方能够在上一年的基础上获得利益，另一方面，这又有效地避免了收支脱节的现象，有效地激励了地方官员致力于发展辖区经济。

四 1978 年前央地财政关系总结

在 1978 年前，我国总体的政治环境、社会环境与经济环境不稳，央地财政关系为适应每一个阶段的需要而进行了多次调整。整体而言，央地财政关系多次调整的本质是"增加中央收入和调动地方政府积极性这二者之间的矛盾调和"。不稳的政局迫使中央政府需要更多的财力，进而增强维稳与社会动员的能力，所以不得不多次、暂时地收回部分地方财力。然而，央地财政关系的调整并非"免费的午餐"，地方财政收入的每一次缩减都使得社会经济呈现出一定程度的倒退，反之则容易导致基础设施建设项目的盲目上马。具体传导机制如下：政治不稳增加了中央政府调控国民经济的成本，需要更多的中央税收收入来维系这种调控成本，但央地税收是一种此消彼长的关系，税收收入更多地分配给中央触及了地方的利益与积极性，这又会导致经济的下滑，为了安抚地方情绪以及兼顾经济发展，中央又不得不适当给地方放权。继而，新的政治不稳定带来新一轮的产出下滑，呈现出"治乱"循环。

由此可见，央地财政关系的每一次调整都带来了不可避免的经济波动成本。"一放就活，一活就乱，一乱就死，一死就收"的"活乱"循环是中国经济波动的内在根源。这一阶段的"治乱"循环与改革开放后财力收放的逻辑并无本质不同，根本的区别在于其背后的诱因，1978 年前的诱因主要是政治不稳，而改革开放后的"放权—收权"逻辑则更加制度化了。然而，在改革开放以前，政治因素的存在淡化了分权与经济绩效的关联。如果剔除三年困难时期以及"文化大革命"的政治影响，地方分权对经济短暂复苏的影响趋势会更加明显（见图 3 - 3）。

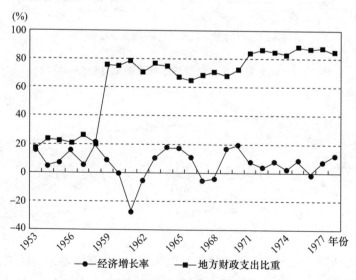

图 3 - 3　财政关系与经济增长率（1953—1977）

资料来源：历年《中国财政统计年鉴》、《中国统计年鉴》。

　　图3-4呈现了1953—1977年的通货膨胀率（右侧坐标轴）与地方财政支出比重（左侧坐标轴）的关系。在改革开放前的30年里（除1960年这一特殊年份外），地方财政支出比重与通货膨胀率之间的变动趋势高度相关。诸如在1970年到1972年之间，当地方占比逐渐上涨时，通货膨胀率出现相应的上涨趋势；与之类似，1968—1969年，随着地方占比的下降，通货膨胀率也随之减小。

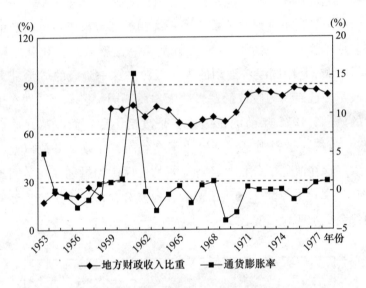

图3-4　地方财政支出比重与通货膨胀率（1953—1977）

资料来源：历年《中国财政统计年鉴》、《中国统计年鉴》。

第二节　1980—1993年：分灶吃饭的
财政关系

　　在1978年至1994年的分税制改革期间，"在调动地方政府积极性和控制地方政府投资饥渴中寻求平衡"构成了中央与地方财政关系调整的主线。虽然其间经历了数次央地财政关系调整，但无论是

"承包"还是"包干"的制度安排，都是以激励地方政府致力于发展辖区经济为要旨（Easterly W.，2004）。

一 1980—1985 年：中央与地方的承包制

1980 年，伴随着《关于实行"划分收支、分级包干"财政管理体制的规定》的颁布，标志着中国的财政体制正式进入了"分灶吃饭"时代。在此期间，中国大部分区域均按照统一方式即"承包责任制"进行管理，但是在形式上有一定差异。整个"分灶吃饭"时代，包干制主要经历了 1980—1985 年以及 1985—1993 年这两次大的制度调整。在 1980—1985 年的包干方案主要包括以下四类：

第一类方案主要涉及四川等 15 个省份，执行"划分收支、分级包干"的财政管理体制，即将 1979 年的收支预算作为参照值，当财政收入大于参照值时，中央将以一定的比例收取地方财政收入；与之相反，当财政收入小于参照值时，中央将参考工商税对央地财政关系按照一定比例进行调整。这种财政管理体制将持续实施五年。第二类方案的初衷是为了支持对外开放及经济特区的建设需要，主要实施地是广东、福建等沿海开发区省份，"划分收支、定额上缴或定额补贴"的财政体制给予地方极大的自主权。第三类方案主要是针对新疆等 5 个少数民族地区的特殊地方预算体制，在保留自治区原有特殊待遇的基础上享有第一类方案所划分的央地收支范围，与此同时，该自治区将享有本区域内所有财政收入的增长受益。第四类方案重点针对江苏等城市，以该省历史上的地方财政占比为依据确立一个财政上缴的固定比例，进行央地分成①。

1980 年开始实行的"承包责任制"虽然对地方发展产生了一定的正面影响，但是对中央政府及地方产生的负面影响也不可忽视。

---

① 事实上，该比例曾因中央与地方的讨价还价而适时更改，并未得到严格的执行。例如，1977 年江苏省上缴中央和地方留用的比例为 58∶42，该比例在 1978 年至 1980 年间更改为 57∶43，而在 1981 年则为 61∶39（吴敬琏，2009）。

从正面影响来看，这种财政改革激发了地方政府的积极性；相反地，该方案同时也增加了中央的财政负担，并助长了地方保护主义行为。中央财政收入比重在 1980 年、1985 年分别为 54.3%、39.6%，从该组数据可以发现，该比重呈严重下滑趋势。与此同时，财政支出的比重不断上升（从 1980 年的 24.5% 上升到了 1985 年的 38.3%），这从两方面同时加大了中央政府的财政负担。在这种负面影响下，中央财政赤字日益增长。短短七年的时间，中央财政盈余就发生了根本性的逆转，1985 年的中央财政赤字已高达 83 亿元，然而在 7 年前，中央财政赤字为 -10.1 亿元，即处于财政盈余阶段。中央只能通过过度发行货币暂时应对高额的财政赤字，但这个措施直接导致了 1980 年和 1985 年两次恶性通货膨胀，1980 年的消费品价格指数达到 7.5%，而 1985 年的消费品价格指数更是飙到了 9.3%。

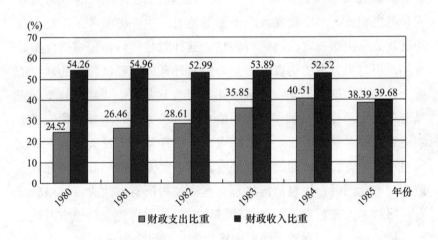

图 3-5　中央财政负担（1980—1985）

资料来源：历年《中国财政统计年鉴》。

与中央财政收入比重下降对应的是财政收入占 GDP 比重的下降，这主要是由地方保护主义所衍生出来的。尽管"分灶吃饭"在调动地方积极性上效果显著，但各地方为了减少上缴中央的财政收入额，以获得更多的地方留存，衍生出了机会主义行为的动机，纷纷开始瞒报真实的财政收入情况，甚至私自减免部分收入项目的税收，导致 1978—1985 年财政收入占 GDP 的比重持续走低，从 1978 年的 31% 下降到了 1985 年的 22%，而这一下降趋势也一直持续到分税制改革前夕。

二　1986—1993 年：中央与地方财政包干体制

作为一种过渡体制，"分灶吃饭制度"（1980 年）本来的预期是暂时实施 5 年，1986 年，国务院推出了改良版的"价税财金贸"改革方案，然而该方案并未付诸实施。在此情况下，"分灶吃饭"制度得以继续实施，并基于"承包制"的前期试验，将其改良为"财政包干制"。1988 年，"财政包干制"开始向全国推广（张军，2010）。"财政包干"的制度设计基本沿袭了 1980 年"分灶吃饭"的分成制框架，并在全国更大的范围内推广，覆盖范围从 25 个省（自治区）扩展到 37 个行政单位，把直辖市和计划单列市也纳入到这种财政管理制度框架中来。与"分灶吃饭"的另一个不同在于，"财政包干"制度将四大类方案扩展为六大类。表 3 - 2 直观地显示了各行政单位的分成类型、地方分成比率等。

（1）收入递增包干：该模式将 1987 年预算收支作为参考值，以此确定地方财政收入递增率及留成比。当地方递增率等于规定递增率时，地方直接以留成率分成即可；当地方递增率大于规定递增率时，则地方将享有超出留成部分的支配权；当地方递增率小于规定递增率时，地方将自行填补不足额。北京、河北等 10 个行政单位适用该分配模式。

（2）总额分成：该方案以行政单位前两年财政收支情况核定收支基数，依据地方支出占总收入的比重确定地方留成比，天津、山西和安徽实行该分配模式。

表 3 – 2　　　中央与地方财政收入分享合约类型（1988—1993）

地区	收入递增包干		总额分成	总额分成加增长分成		上解额递增包干		定额上解（亿元）	定额补助（亿元）
分成类型	合同规定增长率(%)	地方留成率(%)		总额分成比例(%)	增长分成比例(%)	上解额(亿元)	递增包干比例(%)		
北京	4	50							
河北	4.5	70							
辽宁	3.5	58.3							
沈阳	4	30.3							
江苏	5	41							
浙江	6.5	61.5							
宁波	5.3	27.9							
河南	5	80							
重庆	4	33.5							
哈尔滨	5	45							
天津			46.5						
山西			87.6						
安徽			77.5						
大连				27.7	27.3				
青岛				16	34				
武汉				17	25				
广东						14.1	9		
湖南						8	7		
上海								105	
黑龙江								2.9	
山东								3	
吉林									1.1
山西									0.5
陕西									1.2
甘肃									1.3
福建									0.5

续表

地区 \ 分成类型	收入递增包干		总额分成	总额分成加增长分成		上解额递增包干		定额上解（亿元）	定额补助（亿元）
	合同规定增长率(%)	地方留成率(%)		总额分成比例(%)	增长分成比例(%)	上解额（亿元）	递增包干比例(%)		
内蒙古									18.4
广西									6.1
西藏									9
宁夏									5.3
新疆									15.3
贵州									7.4
云南									6.7
青海									6.6
海南									1.4

资料来源：财政部预算管理司和IFM财政事务局编：《中国政府间财政关系》。

（3）总额分成加增长分成：该方案是在完成总额分成的基础上进一步对增加值进行分成，增加的财政收入由央地重新分成，大连、青岛和武汉这三个计划单列市适用该方案。

（4）上解额递增包干：该方案以1987年上解中央的财政收入为基数，每年按照一定的比例递增上解，广东、湖南实施该分配模式。

（5）定额上解：根据原核定基础，将财政收入大于支出的部分确定为固定上解数额，上海、黑龙江和山东三省市适用该方案。

（6）定额补助：与定额上解类似，针对财政支出大于收入的部分进行定额补助，包括吉林、江西等14个省市[①]。

---

① 此处综合参考了张军（2010）。

三 1980—1993 年:"财政分成"的弊端

财政分成合约作为央地共享财政资源的制度安排,不仅考虑了不同地区的经济发展水平和财政负担,还同时兼顾了辖区经济的发展需要,给予地方官员极高的热情去推动经济增长,以获得更多的地方留存,这是该时期中国经济增长最重要的引擎之一。此外,财政包干还带来了一个额外的制度效果,即硬化了地方政府的预算约束,例如,收入递增包干规定了地方财政收入的递增比例,达不到递增率的财政收入则由地方自行填补,有利于抑制地方政府的投资机会主义行为,改善辖区财政资金的使用效率。然而,财政分成制度也带来了一些弊端,具体表现为经济领域的一系列问题。

(一)"两个比重"下降和中央财力弱化

中央财政收入分别在财政总收入、GDP 中的占比的下降成为财政包干制度最终破产的直接性原因,简言之,就是中央的财政实力被削弱了。在 1986—1993 年的 7 年间,地方政府预算内收入从 1443 亿元猛增到 3391 亿元,增长率高达 135% 。而同期中央预算内财政收入仅增长了 23% 。如果进一步考虑地方政府的预算外收入(这是一笔庞大的数字),地方实际财力的增长幅度要远高于 135% 。图 3-6 直观地显示了财政分成制实施期间"两个比重"的变动趋势,从 1984—1992 年的 9 年间,中央财政收入占比从原来的 40.51% 下滑到 28.12% ,而预算财政总收入占 GDP 的比重也从 22.79% 下滑为 12.94% 。

(二)各行政单位分成率不均,扩大了地区收入差距

财政分成率的确定分地区而异,与各辖区历史上的分成惯例紧密相关,而且辖区领导人的议价能力也会影响最终分成比率的确定。从这个角度来看,这一制度安排在一开始就背离了"公共服务均等化"原则。承包制所覆盖的辖区苦乐不均,有更强讨价还价能力的辖区受益更大,而缺乏讨价还价能力的辖区则在分成中受损了,正所谓"穷的更穷,富的更富",财政包干制扩大了地区间的

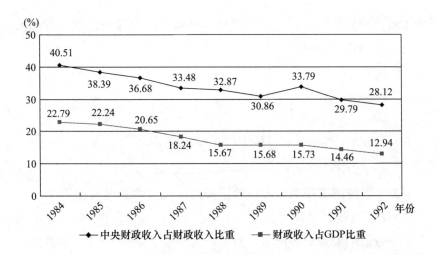

图 3 - 6　"两个比重"的下降

资料来源：历年《中国统计年鉴》。

收入差距。1994 年的分税制改革是中国财政管理制度的重大变革，具有历史性的意义，但是，这一制度安排却进一步固化了辖区间不合理财力分配，将其作为一种更加根深蒂固的制度确立下来，进一步扩大了 90 年代后期的区域财政收入差距。同时，固定的契约分成还造成了"鞭打快牛"的激励扭曲，在上一期取得更高财政收入的地方需要在下一期上缴更多的财政收入，这对地方政府的整个预算收入产生了负向激励，抑制了地方政府征税的动力。在第七章中，我们将更详细地讨论财政分权对地区的激励扭曲效应。

（三）放大了宏观经济的波动

在财政分成制实施的十多年间，中国的宏观经济出现了四次比较大的周期性波动，分别出现在 1979—1983 年、1984—1986 年、1987—1990 年以及 1991—1995 年，无一例外的是，这四次宏观经济波动都与每一次财政关系的调整有着直接或间接的关联。以 1979 年为例，1978 年的中央预算结余还为 10.1 亿元，短短一年时间，1979 年的中央财政收支就发生了根本性的逆转，中央财政赤字猛增到 206 亿元，其直接后果就是随后的财政赤字"货币化"政策，带来了新一轮的通货膨胀。第五章将就财政分权与经济波动二者的关系进行更加详细的讨论。

第三节 1994 年至今：分税制改革以来的财政关系

为了暂时解决中央财力持续下降的窘境，中央随后采取了赤字"货币化"政策，使我国的宏观经济在 1992—1993 年过热。为了加强中央政府的宏观调控能力，财税体制改革于 1993 年 6 月起被提上了日程。简言之，1994 年"分税制改革"主要有以下特点：其一，将事权在央地两者间进行合理分配，并在事财两权相对应的基础之上，进一步分配财权；其二，对税收管理权限及与之相匹配的税收收入做出合理划分。为了兼顾税收公平，合理控制地区间的财政收入差距，"分税制改革"还强调地区间的财政转移支付。

一 分税制改革的主要内容

（一）调整央地财政支出范围

"分税制改革"对央地两者的事权做出明确的分配，中央政府将负责维持国防外交、中央机关以及其直属事业单位等运行的必要费用，同时还担负着调整国民经济结构、地区经济发展所产生的费用。与此同时，地方政府将负责本区域内政府机关运行及区域经济发展的费用。

（二）规划央地税收分配模式

考虑到各个税种差异化的特征以及各行政单位具有不同的发展要求，"分税制改革"做了更加细致的税种分类，分别设置了国税局和地税局，根据税种的不同实施分类征收和管理，一部分税种划入中央，另一部分税种划入地方，还有一部分税种由中央和地方按一定比例共享，具体的划分标准如表 3 - 3 所示。

表3－3　　　　　　　　　　　财政收入来源划分

中央政府	地方政府	中央与地方共享收入
关税	农业税	增值税（中央分享75%，地方分享25%）
消费税	地方国有企业上缴利润	印花税（中央分享97%，地方分享3%）
中央国有企业所得税	城镇土地使用税	企业和个人所得税（中央分享60%，地方分享40%）
进口消费税和增值税	城市维护建设税	资源税（海洋石油企业缴纳的归中央，其他部分归地方）
银行等金融机构营业税、所得税	固定资产投资方向调节税	
铁路部门税收	房地产税	
中央国有企业上缴利润	农业税契税	

资料来源：中国财政部。

（三）实施中央对地方的"税收返还"

由于地方政府是1994年以前分成合约的既得利益者，分税制改革必然会触动地方政府的既得利益。为了削弱中央政府推行分税制改革的阻力，中央政府设计了一个中庸的政策——"税收返还政策"，一定程度上兼顾了地方政府的既得利益。"税收返还"的具体实施方案如下：以1993年的财政上缴收入为基数，如果当年地方上缴的财政收入大于该基数值，地方政府将得到一定比例的超出额作为税收返还额。此次改革同时也考虑到消费与增值税的动态变化，在"税收返还"中也做出相应的规定，即当这些税种每增加1个单位时，税收返还也将相应增长30个百分点。1994年敲定的分税制并非一成不变的，为了使央地财政关系更加均衡稳定，中央也先后两次（分别于1997年和2002年）对该制度进行相应调整，然而，在这些调整的过程中始终以该年实行的分税制为基础。

二　分税制改革的政策效果

将更多的税收收益向中央倾斜，并以此提高中央政府的财力是此次央地财政关系改革的主要目的。最直接的政策效果就是提高了中央政府的财政收入比重。如图 3 - 7 所示，以 1994 年为分水岭，中央与地方财政收入比重开始持平，虽然地方在分税制改革中获得了其他非财政性收入（例如土地、国有企业和行政审批收入），但是至少可以看出中央对地方财力的控制得到了进一步的强化。

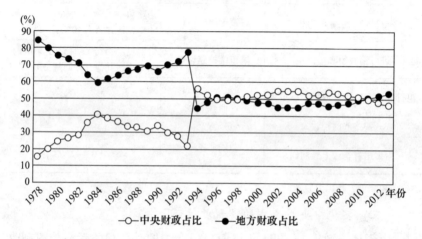

图 3 - 7　分税制改革前后央地财政收入比重的变迁（1978—2012）

资料来源：历年《中国财政年鉴》。

不同于 80 年代"大起大落"的经济波动，在实施分税制改革之后，我国的宏观经济波动幅度更加可控，表现为一种"高位收敛"的典型特征。不可否认，针对宏观经济波动问题此次改革有一定的成效，然而，对于我国的经济波动问题，此次制度改革并没有解决根本性的体制问题，所以从本质上看，两个时期内的多次经济波动并不存在根本差异，对此，我们将在下一章进行详述。

三　分税制改革的主要问题

王永钦等（2007）、杨志勇和杨之刚（2008）等[①]系统探讨了

---

① 关于分税制改革存在主要问题的探讨，可参见杨志勇、杨之刚《中国财政制度改革 30 年》，2008 年；王永钦、张晏、章元、陈钊、陆铭《中国的大国发展道路》，2007 年。

分税制改革所带来的连带问题，与本书相关的主要包括以下两个方面：一方面，在央地关系频繁调整的大背景下，我国宏观经济的剧烈波动也来源于地方官员的投资波动；另一方面，重新规划的央地税收分配模式中，央地具有清晰的税收界限，央地分别获得不同的税种收入，在一定程度上硬化了地方的预算约束。然而，地方政府也获得了更多的预算外收入，例如国有企业、行政审批与卖地收入，而预算外收入是不纳入央地税收再分配的，进一步拉大了地区间的财政收入差距。表 3 - 4 直观地展示了"分税制改革"前后各级行政单位收入差距的变迁轨迹。

表 3 - 4　　　　　富裕省份与贫穷省份所占财政和经济份额

	1990 年	1998 年
5 个最富的省份		
GDP 的百分比	22. 80	25. 10
人口的百分比	12. 70	12. 20
税收收入的百分比	26. 00	23. 00
财政支出的百分比	19. 80	18. 50
5 个最穷的省份		
GDP 的百分比	12. 70	11. 70
人口的百分比	18. 90	18. 70
税收收入的百分比	12. 30	9. 80
财政支出的百分比	14. 00	8. 60

注：5 个最富的省份包括上海、北京、天津、广东和浙江。5 个最穷的省份包括：贵州、甘肃、陕西、江西和河南。

资料来源：黄佩华：《21 世纪的中国能转变经济发展模式吗?》，《比较》2005 年第 18 期。

表 3 - 4 刻画了 5 个最富裕以及最贫穷省份在分税制改革之后的经济表现。尽管分税制改革强调通过财政的转移支付缩小地区间的经济差距，但在实际运行过程中其影响十分有限。地区差距逐渐扩

大的事实不仅没有解决，反而通过分税制改革被制度化、合理化了。无论是从 GDP 比重、税收收入比重还是财政支出比重来看，5 个最贫穷省份都出现了较大幅度的下滑。中央政府实行的税收返还政策虽然兼顾了地方政府的既得利益，然而，该制度却将增值税作为返还的参照基值，在服务业、制造业发展得更好的行政区将取得更高的税收返还，因此，税收返还的具体值仍然取决于地区财力，以及中央对地区经济发展的干预强度（黄佩华，2005）。

第四节　本章小结

本章梳理了新中国成立以来央地财政关系的发展脉络。不管是计划经济时代高度集中的"统收统支"，还是改革开放以来高度分权的"财政包干"，抑或 1994 年适度分权的"分税制"，央地财政关系一直在增强中央宏观调控和激励地方积极性之间寻求平衡。当然，地方政府在财政透明度不够高及监管力度不足的双重影响下，在投资规模、结构上形成了一定程度的扭曲。具体到不同的领域，这种扭曲产生了一系列的问题，主要包括收入差距的持续扩大，"重基础设施、轻科教文卫"的投资偏好，以及宏观经济出现了多次较大幅度的波动。

本章得出的基本结论是，无论是在新中国成立初期、三年困难时期、"文化大革命"时期，宏观经济波动表现出"大起大落"，还是在改革开放的初期，抑或分税制改革后的今天，宏观经济波动呈现出"高位收敛"的态势，造成宏观经济波动背后的制度根源一直没有发生改变，即"财政分权"一直都是我国经济波动的重要根源之一。在下一章中，我们将立足于宏观视角，凭借实证分析工具更加严谨地解读财政分权与经济波动的关联，进而探索经济波动中"活乱"循环的背后逻辑。

第四章 财政分权与经济周期波动： 宏观视角及实证研究

与其他一些主要的市场经济国家相比，我国的经济波动呈现出显著不同的周期性特征，具体体现为体制性因素驱动下的经济波动，"一放就活，一活就乱，一乱就收，一收就死"，我们认为我国的财政分权制度是造成这种经济波动的最大体制根源。本章基于宏观经济学 AS - AD 理论模型的视野，梳理中国宏观经济波动与财政分权之间的系统性关系。具体推导思路如下：由于政府财政支出对社会总需求和总供给之间的影响存在不对称性，从而使地方政府支出和中央政府对宏观经济的干预行为导致了经济的周期性波动。本章利用 Blanchard - Quah 的 SVAR 分解方式，实证验证了该推论。

本章共五小节内容，各小节分别为：第一节，首先对我国经济运行过程中存在的一些基本事实进行了归纳。第二节，我们基于 AS - AD 的分析框架，通过建模分析了财政分权分别对需求和供给产生的两种不同冲击效应即供给冲击效应和需求冲击效应，而该效应对整个经济体的影响可能是不对称的。具体地讲，因政府部门对私人投资具有不完全挤出效应以及私人与政府部门资本使用效率上的差异，可能导致财政分权对宏观经济的总需求和总供给作用方向上的不一致，那么通过这两类冲击的共同作用，将使得中央与地方的财政关系成为我国经济波动的重要阀门。具体表现为以下徘徊于分权与集权之间的逻辑线索：地方分权→刺激地方积极性→物价上涨、产出增加→经济过热→中央收权→抑制地方积极性→物价下跌、产出下降→重新分权。第三节，利用 Blanchard - Quah （1989）

结构 VAR 分解方法得到暗含在经济波动中的两类冲击即供给与需求冲击。第四节，即实证分析部分，通过构建计量模型，运用第三节分解得到的具体数据，实证检验了财政分权对整个经济体产生的两类冲击的方向刚好是相反的；在此基础之上，我们通过 3SLS 进一步检验了财政分权与经济波动两者间的关系。第五节，对本章的研究进行了总结。

第一节 经济波动的特征事实与研究问题

一 中国经济波动的特征事实

改革开放奠定了我国经济两位数高速增长的基本基调，创造了举世瞩目的"中国奇迹"。然而与此同时我国的宏观经济增长却呈现出较大的波动性，如图 4 - 1 所示，在历年经济的增长速度中，最高的达到了 13.47% （1985 年），而最低的则仅仅为 3.84% （1990 年），波动幅度较大。同样，我国的价格波动即通货膨胀率也表现出较大幅度的波动。

通过对图 4 - 1 的简单归纳分析，我们不难发现在我国的宏观经济波动过程中存在如下四个"特征事实"：

特征事实 1：产出水平（经济增速）与价格水平（通货膨胀率）之间存在较强的正相关关系，其相关系数达到了 0.41，产出水平提高的同时价格变动也有所增加。这一特征事实有别于真实经济周期理论，但与传统凯恩斯主义经济理论的预期是相符的，在凯恩斯眼中，影响一国经济波动和周期性特征背后的主要因素是"需求"，故若对整个经济体产生正向的需求冲击，将使宏观经济的产出水平和价格水平同时上升，即经济增长率与通货膨胀率之间存在着正相关关系；真实经济周期理论则认为，来自成本、技术等方面的主要真实因素是影响经济周期性波动的主要因素，故若对整个经

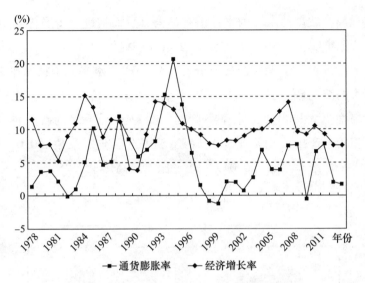

图 4 - 1　中国的经济增长率与通货膨胀率

资料来源：历年《中国统计年鉴》。

济体产生有利的技术冲击，将使得整个经济体的价格水平下降与产出水平上升，即经济增长率与通货膨胀率之间存在着负相关关系。据此，我们可以初步推断需求因素在影响我国宏观经济波动中扮演着重要的角色。

特征事实 2：产出水平和价格水平之间的正相关关系在 20 世纪 90 年代中后期表现得更为突出。如图 4 - 1 所示，20 世纪 90 年代中期以来，产出与价格的正向联动关系似乎被经济体表现出的"高增长，低通胀"现象打破了，甚至在理论界，不少学者对这一现象进行了专门的讨论（Lin，2000；樊纲，2003；龚刚、林毅夫，2007；龚敏、李文博，2007；中国经济增长与宏观稳定课题组，2007 等）。但是，在进一步剔除经济变量的趋势成分后，我们发现 1978—1994 年产出水平与价格波动之间的相关系数仅为 0.39，而 1994—2013 年两者的相关系数达到了 0.70[①]，后者远高于前者。因此，影响我

---

① 图中所有变量均经过 HP 除去趋势成分，公式为 $\min \sum (y_t - \mu_t)^2 + \lambda \sum [(\mu_{t+1} - \mu_t) - (\mu_t - \mu_{t-1})]^2$，依据惯例，年度分解 λ 取 100。

国宏观经济波动的潜在因素并没有消失，反而被进一步强化了。

特征事实3：图4-1、图4-2给我们提供的另一个综合性信息是，无论是否考虑剔除趋势成分，相较于产出水平，价格水平表现出更大的波动幅度特征。当产出水平上升时，价格水平也将上升，并且幅度更大；当产出水平下降时，价格水平下降的幅度同样更大。相较于产出波动水平未剔除趋势时的标准差系数（0.0276），价格水平标准差系数（0.049）几乎比前者高出了1倍。

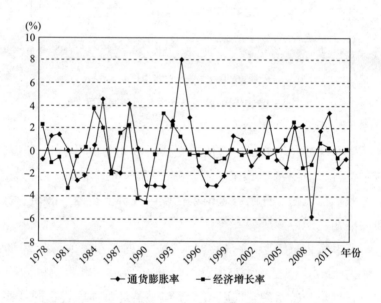

图4-2　剔除趋势后中国的经济增长率与通货膨胀率

资料来源：相应年份的《中国统计年鉴》。

特征事实4：财政分权与经济波动之间有着某种内在的紧密联系，这种紧密联系具体表现为体制性波动特征，即"一放就活，一活就乱，一乱就收，一收就死"的"活乱"循环。在经济萧条时，中央加大对地方政府财政分权的力度，进而促进了地区的经济增长，而相对应通货膨胀也逐步升温。与通货膨胀相伴随的经济过热促使了中央政府采取"紧缩"的宏观经济干预政策，而干预的主要手段为减少地方政府的财政支出，即中央减少对地方政府的财政分权。"紧缩"的财政政策之后则是经济的萧条、经济增长速度的放缓，由此，政府又展开新一轮"周期性"的经济干预。这种体制性驱动下的波动特征，一直从改革开放初期延续至分税制改革前后，至今都还在发挥作用。

二 研究问题

本章以上述四个"特征事实"为基础，主要回答以下几个问题：财政分权如何对经济波动产生冲击？为何产出水平与价格波动之间有着较强的正向关联？即为什么财政分权影响了宏观经济的"大起大落"，是源于需求还是来自供给因素？

基于财政分权的视角，Brandt 和 Zhu（2000）指出财政分权会促使资金更多流向民营企业，而国有企业相对"不足"，从而相对地促进了民营企业的发展，"抑制"了国有企业发展，基于民营企业相对较高的生产效率（资本利用效率），因此财政分权促进了社会总供给（产出）水平；与此同时政府为了"保护"国有企业的相关利益而进行的财政补贴导致了政府财政赤字，货币供给增加，进而导致了物价水平的上升。Feltensteina 和 Iwata（2005）在以上框架的基础上，利用 1952—1996 年的相关数据，检验了财政分权对宏观经济波动的影响。

本章与 Brandt 和 Zhu、Feltensteina 和 Iwata 研究的主要不同点在于分析框架的差异。本章以凯恩斯主义 AS - AD 模型为具体的研究框架，主要是基于以下两个方面的考虑：（1）价格波动的"顺周期"——经济波动与价格波动之间的正相关关系暗示运用 AS - AD 模型解释我国宏观经济波动可能更为合适；（2）基于现代激励理论[1]或新古典经济学的长期分析框架来研究财政分权对经济增长影

---

① 对分权与增长的一个近期的文献整理参见张军、周黎安编辑的《为增长而竞争》。

响时，主要是考虑到财政分权提高了总供给水平，而这与我国现实经济波动过程中表现出的产出水平与价格水平的正相关关系并不一致。

第二节　财政分权与经济波动：理论模型

一　理论模型

在本节里，我们将在凯恩斯主义 AS－AD 框架下分析说明财政分权所产生的需求和供给冲击效应对宏观经济产生的影响可能是非对称性的。模型分析结果显示：一方面，由于政府支出对私人投资挤出的不完全效应，导致财政分权促进的政府财政支出增加了社会总需求，另一方面，在三部门背景下，由于民间资本投资的相对高效率，可能会最终使得社会总供给水平下降（Zhang and Zou，1998）。就主要表现形式而言，财政分权主要集中在央地围绕财政权力、事务权力等权力方面的重新划分。就地方政府而言，财政分权意味着地方政府在财政收支自主权的扩大，特别是支出方面的，而财政支出扩大最直观地体现为政府投资规模的扩张，即"基本建设投资规模"的增加（傅勇、张晏，2007）。在本模型中，我们假定中央政府财政支出规模的增速保持不变①，将地方政府财政支出规模的增加视为财政分权的程度扩大。在三部门的社会总需求函数中，其具体表达式如式（4－1）所示：

$$y_t^d = c_t + i_t + g_t + l_t \tag{4－1}$$

式中，c_t、i_t、g_t、l_t 分别表示消费支出、私人投资支出、中央政府购买支出以及地方政府购买支出。在凯恩斯主义的 AS－AD 框

---

① 由于中央政府财政支出的可预见性及其支出的刚性，这一假设较为合理。1952—2007 年，虽然出现多次分权收权循环，但是中央政府财政支出稳定保持在 7% 左右的速度增长。

架下，尽管政府的财政支出行为能够刺激社会总需求，但这种刺激在一定程度上表现为政府公共投资对私人部门投资的两种"挤出效应"。第一个挤出效应表现为：政府扩张的财政支出规模刺激社会总需求上升，银行利率上升，进而间接导致了私人部门投资的下降（挤出）；第二个挤出效应表现为：政府支出直接投资于私人投资相同或者相近的行业，进而直接减少（挤出）了私人部门的相关投资。设定 τ 表示政府部门的支出对私人部门的挤出效应，因此地方政府支出增加 Δl 与私人投资下降的关系可以表示为：$\Delta i_t = -\tau \Delta l_t$，对式（4-1）求差分，令 Δy_t^d 表示需求冲击。求 Δy_t^d 对 l_t 偏导数（利用 $\Delta i_t = -\tau \Delta l_t$），可以获得地方政府财政支出规模的扩张即财政分权对需求冲击的效应表达式为：

$$\frac{\partial \Delta y_t^d}{\partial l_t} = 1 - \tau > 0 \tag{4-2}$$

从式（4-2）中可得出：财政分权制度之下的地方政府财政支出规模扩张会对社会总需求产生两个反方向的需求冲击，即直接和间接需求冲击效应：直接的需求增加效应为 1，而间接的需求减少效应（挤出效应）为 $-\tau$。因而，将两者结合考虑得到的最终效应为 $1-\tau$。由于挤出效应的不完全性，即 $\tau \in (0, 1)$，因此，财政分权对社会总需求的冲击效应总体还是为正。文章将进一步利用 AK 生产函数，考虑地方财政购买支出行为的增加对整个经济体的供给冲击效应，具体的 AK 生产函数如下：

$$\begin{cases} y_t^s = A_p k_t^p + A_g k_t^g + A_l k_t^l \\ \Delta i_t = -\tau \Delta l_t \end{cases} \tag{4-3}$$

式（4-3）表明经济体的产出总是三部门的产出加总，即私人部门产出、中央政府投资回报以及地方政府投资回报的总和。式（4-3）中 k^p、k^g、k^l 分别表示私人部门投资的资本存量、中央政府参与投资形成的资本存量以及地方政府参与投资形成的资本存量，A_p、A_g、A_l 分别表示私人部门、中央政府投资和地方政府投资效率系数，第二个等式为地方政府支出增加 Δl 与私人投资下降的关系表达式，该式反映了挤出效应的约束，对式（4-3）中 y_t^s 求差分，令 Δy_t^s 表示供给冲击，利用 $i_t = k_t^p - k_{t-1}^p$，$g_t = k_t^g - k_{t-1}^g$ 和 $l_t = k_t^l - k_{t-1}^l$ 可以得到如下供给冲击方程：

$$\Delta y_t^s = A_p i_t + A_g g_t + A_l l_t \tag{4-4}$$

将式（4-4）中的 Δy_t^s 求地方政府购买支出 l_t 的偏导，并代入式（4-3）中的第二个等式即 $\Delta i_t = -\tau \Delta l_t$，可以得到财政分权对供给冲击的综合（总）效应：

$$\frac{\partial \Delta y_t^s}{\partial l_t} = -A_p\left(\tau - \frac{A_l}{A_p}\right) \tag{4-5}$$

从式（4-5）中不难发现：财政分权对供给冲击效应具有一定的不确定性，而这种供给冲击效应是由挤出效应与两部门投资效率差异决定的，挤出效应值τ恰好是两部门投资效率差异的临界值。具体见式（4-6）：

$$sign\ \frac{\partial \Delta y_t^s}{\partial l_t} \begin{cases} >0, & 如果 \quad \tau < \dfrac{A_l}{A_p} \\[2mm] =0, & 如果 \quad \tau = \dfrac{A_l}{A_p} \\[2mm] <0, & 如果 \quad \tau > \dfrac{A_l}{A_p} \end{cases} \tag{4-6}$$

财政分权对社会总产出水平的影响即供给冲击效应取决于τ值的大小：当挤出效应 τ 大于两者效率比时，即私人部门的投资效率显著地高于政府部门的投资效率时[1]，财政分权将使社会的总产出水平下降即供给冲击效应为负；当挤出效应 τ 等于两者效率比时，其供给冲击效应为零，社会总产出水平不变；当挤出效应 τ 小于两者效率比时，此时对供给冲击效应为正，社会总产出水平上升。

---

① 考虑特殊的情形，两部门的投资效率相同，则 $A_l/A_p = 1$，给定 $\tau \in$（0，1），则供给效应为正，这正是传统宏观经济学的标准结论，政府投资增加，虽然对民间投资具有一定的挤出效应，但是整体而言对需求和供给冲击具有正的影响。

二　研究假说

归纳式（4-2）、式（4-6）的需求冲击效应与供给冲击效应，我们做出如下假说：

假说1：给定挤出效应 $\tau \in (0, 1)$，地方财政投资支出增加并没有完全挤出私人的投资支出，即挤出效应是不完全的。此时在财政分权制度之下，地方财政购买支出行为的增加对整个经济体的需求冲击效应仍是为正的。对经济体的需求冲击，不仅会使得整个经济体的产出水平有一个短暂的提高，还会促进价格水平的上升。

假说2：给定私人部门与地方政府的生产效率具有差异（Brandt and Zhu，2000），地方财政购买支出行为的增加对经济体带来的供给冲击效应是不确定的，这种冲击必须在满足一定条件下才会为正。这就表明对经济体的供给冲击只有在满足一定条件下才会使得产出水平有所提高。另外，当私人部门与地方政府的投资效率具有足够大的差异时，产生的供给冲击效应可能为零，甚至为负。因此，由财政分权导致对整个经济体的供给冲击效应，对经济体产出水平的影响具有一定的不确定性。

假说3：在 AS-AD 框架内，财政分权的制度安排会给整个经济体带来两种冲击效应——需求冲击和供给冲击，同时也影响了整个经济体的产出水平与价格水平。在这两种冲击力量的共同作用下，财政分权对整个经济体最终影响效果将主要由供给冲击的效应程度来决定：①当这种冲击效应为正时，经济体的总产出将有所提高，但是价格水平的变化不能确定；②当这种冲击效应为零时，经济体的总产出及价格水平都将有所提高；③当这种冲击效应为负时，经济体的价格水平将会上升，但是产出水平的变化不能确定。

第三节 研究方法与数据分解

一 分解方法

虽然在理论模型中推论出财政分权会对经济体的价格水平和产出水平产生影响，但是我们仍不清楚财政分权是通过怎样的方式对价格水平和产出水平产生影响的。为了进一步分析这种影响方式，我们必须要分解得到暗含在经济波动中的两类冲击——"需求冲击效应"与"供给冲击效应"。在式（4-7）至式（4-11）中，本章借鉴 Blanchard – Quah（1989）[①] 的分解方法与 Enders（2004）的表述方式，用供给、需求冲击的过去向量移动平均形式（VMA）来表示产出和通货膨胀率：

$$\Delta y_t = \mu_1 + \sum_{k=0}^{\infty} c_{11}(k)\varepsilon_{t-k}^s + \sum_{k=0}^{\infty} c_{12}(k)\varepsilon_{t-k}^d$$

$$\pi_t = \mu_2 + \sum_{k=0}^{\infty} c_{21}(k)\varepsilon_{t-k}^s + \sum_{k=0}^{\infty} c_{22}(k)\varepsilon_{t-k}^d \tag{4-7}$$

其中，Δy_t、π_t 分别表示产出水平和价格水平的对数差分；ε_t^d、ε_t^s 分别表示需求冲击和供给冲击。设定 ε_t^d 和 ε_t^s 的标准差均为 1 且相互正交。式（4-7）等价于如下的矩阵形式：

$$\begin{bmatrix} \Delta y_t \\ \pi_t \end{bmatrix} = \begin{bmatrix} \mu_1 \\ \mu_2 \end{bmatrix} + \begin{bmatrix} C_{11}(L) & C_{12}(L) \\ C_{21}(L) & C_{22}(L) \end{bmatrix} \begin{bmatrix} \varepsilon_t^s \\ \varepsilon_t^d \end{bmatrix} \tag{4-8}$$

$C_{ij}(L)$ 是系数为 $c_{ij}(k)$ 的滞后算子多项式。由于不能对式（4-8）进行直接估计，因此只能首先回归 VAR 模型——式（4-9），运用间接方法将 ε_t^s、ε_t^d 分解出来。

---

① Blanchard – Quah（1989）创新性地基于一个双变量的 VAR 系统，在一定约束条件下成功地分解出了影响经济波动的供给冲击效应和需求冲击效应。

$$\begin{bmatrix} \Delta y_t \\ \pi_t \end{bmatrix} = \begin{bmatrix} A_{11}(L) & A_{12}(L) \\ A_{21}(L) & A_{22}(L) \end{bmatrix} \begin{bmatrix} \Delta y_{t-1} \\ \pi_{t-1} \end{bmatrix} + \begin{bmatrix} e_{1t} \\ e_{2t} \end{bmatrix} \qquad (4-9)$$

式（4-9）中 $A_{ij}(L)$ 表示自回归项的滞后算子多项式，e_{1t}、e_{2t} 分别为对应方程的回归残差。因式（4-8）和式（4-9）是等价的，由式（4-8）和式（4-9）可得下式：

$$\begin{bmatrix} e_{1t} \\ e_{2t} \end{bmatrix} = \begin{bmatrix} c_{11}(0) & c_{12}(0) \\ c_{21}(0) & c_{22}(0) \end{bmatrix} \begin{bmatrix} \varepsilon_t^s \\ \varepsilon_t^d \end{bmatrix} \qquad (4-10)$$

基于 Blanchard-Quah（1989）提出的约束条件：

$$\begin{cases} var(e_1) = c_{11}(0)^2 + c_{12}(0)^2 \\ var(e_2) = c_{21}(0)^2 + c_{22}(0)^2 \\ cov(e_1, e_2) = c_{11}(0)c_{21}(0) + c_{12}(0)c_{22}(0) \\ c_{12}(0)\left[1 - \sum_{k=0}^{\infty} a_{22}(k)\right] + c_{22}(0)\sum_{k=0}^{\infty} a_{12}(k) = 0 \end{cases} \qquad (4-11)$$

式（4-11）中的前三个等式是基于 ε_t^s、ε_t^d 满足两者相互正交以及方差标准化为 1 的条件得出的，第四个等式则是基于"需求冲击不具有长期影响"的理论约束而得出的。将式（4-11）得到的系数矩阵 C 代入式（4-10），就可以得到我们所需要的供给冲击序列 ε_t^s 与需求冲击序列 ε_t^d。

二　数据处理与相关检验

关于数据，我们选择 1952—2012 年产出与价格的数据进行分析，国内实际生产总值以 1952 年为基期，采用 GDP 平减指数来衡量价格指标，数据主要来源于《中国国内生产总值核算资料：1952—2004》和历年《中国统计年鉴》。我们采用上述分解方法对数据进行分解。需要注意的是，在 SVAR 研究中每一个变量都为平稳变量，因而我们必须先对我们选定的变量做单位根检验，若存在不平稳的变量，则对此变量进行差分处理。检验结果见表 4-1 前两行，从 PP 检验、ADF 检验及 KPSS 检验的结果可见，产出与价格指标均存在一个单位根过程，均不是平稳的序列。对变量进行差分处理后，其检验结果无法拒绝其差分为平稳过程的假设，即产出与价格指标的差分序列均符合平稳序列特征要求。

表 4－1　　　　　　　　　各变量的平稳性检验结果

变量		ADF 检验	检验结果	PP 检验	KPSS 检验
y	水平变量	(C, 0, 2)	1.36	2.44	0.92 ***
	差分变量	(C, 0, 1)	−5.31 ***	−4.04 ***	0.34
p	水平变量	(C, T, 1)	−1.61	−1.28	0.23 ***
	差分变量	(C, 0, 0)	−3.13 **	−3.47 **	0.38
fd_{within}	水平变量	(C, 0, 0)	−1.27	−1.43	0.92 ***
	差分变量	(0, 0, 0)	−8.22 ***	−7.03 ***	0.04
fd_{total}	水平变量	(C, 0, 0)	−1.30	−1.33	0.97 ***
	差分变量	(0, 0, 0)	−7.86 ***	−7.95 ***	0.032
soe	水平变量	(C, 0, 0)	−0.72	−0.94	0.51 **
	差分变量	(0, 0, 0)	−8.16 ***	−8.04 ***	0.13
inv	水平变量	(C, 0, 1)	−5.33 ***	−6.72 ***	0.20 **
DS	水平变量	(0, 0, 0)	−7.69 ***	−7.64 ***	0.12
SS	水平变量	(0, 0, 0)	−7.87 ***	−8.02 ***	0.22

注：①＊、＊＊、＊＊＊分别表示在 10%、5%、1% 的水平下显著；检验形式（C，T，L）分别表示常数项、趋势项和滞后阶数。按照 SC 选择滞后长度。②价格和产出变量为原始变量取对数。

利用 SVAR 分解得到供给与需求冲击序列如图 4－3 和图 4－4 所示，在估计 SVAR 的过程中，我们运用 AIC 和 SC 来确认滞后的阶数，两者都选择了二阶滞后模型。

由图 4－3、图 4－4 可知，我国的经济波动既有需求方面的冲击，也有供给方面的冲击。

（1）从图 4－3 中可以看出，在改革开放之前，我国的经济波动主要以供给波动冲击为主，这主要源于非市场的因素。从图中也能明显地看出供给冲击的波动幅度在不断发生变化，通过计算供给冲击的标准差可知，在 1955—1978 年这 24 年间为 1.467，在 1978—2013 年的 35 年间仅为 0.52，也就是说 80 年代后供给冲击具有更小的波动幅度，从图中也可以看出供给冲击的波幅有减小的趋势。

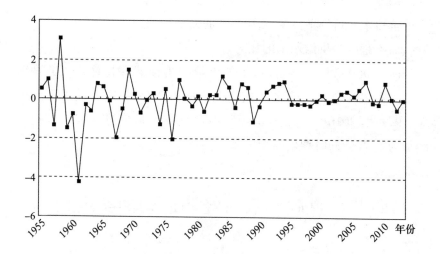

图 4 - 3　供给冲击

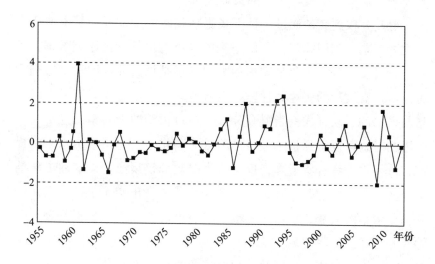

图 4 - 4　需求冲击

（2）从图 4 - 4 中可以看出，在改革开放之后，中国的经济波动主要以需求波动冲击为主。同样我们可以计算出需求冲击的标准差，在 1955—1978 年这 24 年间为 0.62，在 1978—2013 年的 35 年间达到 0.98，也就是说 80 年代后需求冲击具有更大的波动幅度。

（3）结合图 4 - 3 和图 4 - 4 可以发现，导致 90 年代中期以后出现的价格水平持续下降的原因主要是由于这期间需求水平的大幅下降，而不是因为供给水平的相对过剩。

（4）进入 2000 年以来，虽然供给冲击依然保持稳定，但是需求冲击大幅度增加，2008 年次贷危机使得 2009 年需求冲击下降为 -1.97，而 2010 年"四万亿元"财政支出，则使得需求冲击逆转增加为 1.72，同时期供给冲击基本保持稳定。

第四节　财政分权对经济波动的实证检验

一　财政分权传导机制的实证分析

财政分权到底是通过何种方式影响我国的经济波动是本节研究的主要问题。利用第三节分解得到的需求与供给冲击序列数据，进一步通过实证分析主要是需求冲击因素还是供给冲击因素来影响我国经济宏观波动的。这两种影响经济波动的冲击方式具有不同的价格与产出的联动方式：当财政分权是通过供给冲击对整个经济体产生影响时，可以得到整个经济体将健康稳定运行，其产出水平将提高，价格水平将有所下降；反之，当财政分权是通过需求冲击对整个经济体产生影响时，这将使整个经济体的产出水平提高，且伴随着物价水平的上涨，显然此时整个宏观经济的经济增长不具有可持续性并且经济体将表现出更大的波动性。我们将通过回归式（4 - 12）的计量模型来检验财政分权对这两类冲击的影响。

$$shock_i = \delta_0 + \delta_1 \Delta fd + \text{EX} \qquad (4-12)$$

其中 $shock_i$ 表示冲击类型，i 分别表示供给与需求冲击类型；fd 表示财政分权指标，X 表示其他控制变量。

考虑到下面两点原因，在实证研究过程中关于财政分权的指标我们将从支出方面对其进行量化。①地方政府没有征收新税种和发行债券的权限，这一权限制约使得地方财政支出能较好地反映地方政府的财政可支配情况。②分税制改革后的地方实际财政支出包含了中央的转移支付和税收返还等，因而以收入比重来量化财政分权会存在低估地方实际财力的问题①。考虑到这两点原因，我们在实证研究中将选用财政支出指标作为量化财政分权的指标，因为财政支出指标更能反映一个地方政府的实际财政支配水平。本章采用预算内支出 fd_{within} 分权指数和全部支出 fd_{total} 分权指数作为财政分权的指标，其中预算内支出分权指数为当年地方政府名义预算内财政支出总额与当年全国名义预算内财政支出总额之比，全部支出分权指数为当年地方政府名义实际财政支出总额与当年全国名义实际财政支出总额之比，其中政府全部财政支出为预算内和预算外财政支出之总和。数据来自历年《中国财政统计年鉴》和《新中国 60 年统计汇编》。为了防止由于变量选择造成的偏差，我们在计量模型中还加入下列控制变量：

国有经济比重（soe）：国有经济比重对经济波动具有重要影响（Brandt and Zhu，2000；Feltensteina and Iwata，2005），为了防止变量选择偏差问题以及使本章的研究与其他学者的研究具有可比性，在本节的实证研究中，将指标 soe 加入到计量模型中。将国有企业与总工业产值之比作为指标 soe 的量化数据，数据来自历年《中国工业统计年鉴》和《新中国 60 年统计年鉴》。

---

① 以地方财政收入衡量的财政分权指标从 1958 年的 0.19 跳跃到 1959 年的 0.75，从 1993 年的 0.77 下跌到 1994 年的 0.44。虽然在这两个年代中对应着中央对地方的分权和集权。但是显然实际的收权与分权的程度并没有这么剧烈。以 1994 年为例，中央为了保证分税制改革能够获得地方的支持，保证地方收入不低于改革前的 1993 年，所以使用财政支出的衡量指标，分权指标仅是从 1993 年的 0.72 下降到 1994 年的 0.69。

固定资产投资增长率（inv）：考虑到政府部门的公共投资会对整个经济体产生较大的需求冲击与供给冲击。故而在实证研究中，我们不能忽略资本投资的作用，因此我们将资本投资指标加入到计量模型中，并用指标 inv 作为衡量资本投资的代理指标。由于 1980 年以前的固定资产投资数据在相关的统计数据中没有记录，因此我们采用 1980 年前的基本建设投资和更新改造投资之和的增长率做近似替代，数据来自《新中国 60 年统计汇编》和历年《中国统计年鉴》。

在计量模型作回归时，首先要对已选定的变量做单位根检验，该检验能有效地防止伪回归问题的出现。检验结果见表 4－1，从表中检验结果可以看出两类财政分权指标即预算内支出 fd_{within} 和全部支出 fd_{total}，国有经济比重 soe 这些变量均存在一个单位根过程，其他三个为平稳变量。对上述非平稳变量进行差分处理后，差分后的变量均在 1% 的显著水平拒绝原假设，即接受差分后的变量为平稳变量。因此，根据表 4－1 的检验结果，在对计量模型作回归时，我们将对预算内支出、全部支出、国有经济比重这三个变量进行差分处理，最后得到回归结果如表 4－2 所示：

表 4－2　　　　　　　　财政分权对经济波动的影响

解释变量	(1) 供给冲击	(2) 供给冲击	(3) 需求冲击	(4) 需求冲击
常数	-0.67*** (-4.02)	-0.56*** (-3.98)	0.013 (0.07)	0.019 (-0.16)
Δfe_{within}	-4.32** (-2.14)		9.46** (2.23)	
Δfe_{total}		-4.27** (-2.14)		8.64** (2.39)
Δsoe_t	3.17* (1.94)	2.49* (1.72)	-5.43* (-1.90)	-4.69* (-1.82)

续表

解释变量	（1）	（2）	（3）	（4）
	供给冲击	供给冲击	需求冲击	需求冲击
inv_t	3.71***	3.68***	-0.49	-0.53
	(6.54)	(6.76)	(-1.21)	(-1.44)
DW	2.36	2.27	1.97	1.92
R^2	0.621	0.603	0.146	0.131
F	29.41	28.77	3.12	2.87

注：①*、**、***分别表示在10%、5%、1%水平下显著，括号内为t统计量；②各解释变量均为平稳序列，具体见表4-1检验结果。

　　表4-2的整体回归结果符合预期；DW检验的结果进一步支持了回归方程不存在序列相关的假设，进一步的递减残差检验也没有足够的证据表明方程系数发生了结构性变化。观察R^2值我们发现，供给冲击的R^2为60%左右，而需求冲击的R^2仅为14%左右，这说明解释变量对前者的解释力度要比对后者的解释力度更大。虽然在解释力度上有一定差异，但是在这两种情况下，财政分权指标对供给冲击的波动以及需求冲击的波动的影响均较为显著。

　　从回归系数可得，财政分权对供给冲击为负，对需求冲击为正，且均在5%的水平下显著。但是财政分权对供给冲击的系数大约只有对需求冲击的系数的一半。其结果显示：财政分权导致的需求冲击的影响效应与第二节理论分析中的假说1保持一致，即财政分权对整个经济体的需求冲击效应为正，财政分权增加经济体的需求冲击，与此同时财政分权程度的扩大将促进价格水平的上升以及整个经济体的产出水平的短暂提高。上述研究结论的含义为：（1）一方面财政分权促进了地方政府财政支出的扩张，但另一方面却存在着对私人部门投资的挤出。由于地方政府的投资效率远远低于私人部门的投资效率，导致财政分权对整个经济体产生的供给冲击为负。(2) 财政分权对整个经济体既有正的需求冲击又有负的供给冲击，由分权产生的两类冲击的共同作用将使得经济体的价格水平具有更大的波动性。进一步比较两类冲击系数的大小时发现，需求的冲击系数远大于供给冲击，即需求冲击将占主导地位，综合考虑两类冲击，最终财政分权对整个经济体的产出效应为正[①]。

若模型的回归结果是可信的，则可以做进一步推断：在 AD - AS 框架下，伴随着财政分权的增加，社会总需求曲线（AD）向左移动而对应的总供给曲线（AS）往右移动，从而导致整个经济体的产出有一个适当提高，而价格水平大幅上涨。经济体的"收放"循环可以用正需求冲击与负供给冲击来解释：财政分权→正需求冲击、负供给冲击→产出（适度）增加、物价（大幅）上升→经济过热→财政收权→负需求冲击、正供给冲击→产出（适度）下降、物价（大幅）回落→经济萧条。可见，财政分权制度之下频繁调整的财政关系是我国宏观经济周期性波动的重要阀门。

二 财政分权与经济波动关系的进一步验证

为进一步验证财政分权对产出水平以及物价水平的影响，我们将回归下面的联立方程：

价格方程：

$$\Delta p_t = a_0 + a_1 \Delta fd_t + \Theta X \qquad (4-13)$$

产出方程：

$$\Delta y_t = \beta_0 + \beta_1 \Delta fd_t + \Phi Y \qquad (4-14)$$

在回归上述的联立方程时，本节将选用三阶段最小二乘法（3SLS）。这主要基于以下两点的考虑：①由于式（4 - 13）和式（4 - 14）中产出水平与价格水平是联合决定的，因此采用传统的

---

① 就产出效应而言，这一结论与 Lin 和 Liu（2000）、Jin 等（2005）的研究结论保持一致。不同于 Zhang 和 Zou（1998），但是正如 Jin 和 Qian（2005）注释 14 指出，Zhang 和 Zou（1998）的研究可能存在遗漏偏误。

普通最小二乘法（OLS）不能较好地解决联立型偏误问题；②两阶段最小二乘法（2SLS）不能很好地解决当方程误差项出现同期相关的情形。因此，在回归联立方程组式（4－13）和式（4－14）时我们选用三阶段最小二乘法（3SLS）回归；式（4－13）中包括其自回归部分 Δp_{t-1} 以及同期产量变化 Δy_t 等控制变量；式（4－14）中包括其自回归部分 Δy_{t-1} 及同期价格变化 Δp_t。回归结果如表4－3所示。

表4－3　　　　　　　　财政分权对经济波动影响的实证结果

解释变量	3SLS（Ⅰ）		3SLS（Ⅱ）	
	Δp_t	Δy_t	Δp_t	Δy_t
Δy_t	0.041		0.020	
	(0.27)		(0.29)	
Δy_{t-1}		0.431***		0.402***
		(2.9677)		(3.46)
Δp_t		−0.153		−0.215
		(−0.96)		(−0.93)
Δp_{t-1}	0.830***		0.747***	
	(6.49)		(6.83)	
Δfd_{within}	0.18*	0.441*		
	(1.84)	(1.79)		
Δfd_{total}			0.162*	0.424*
			(1.67)	(1.81)
常数	0.004	0.047***	0.007	0.046***
	(0.36)	(3.29)	(0.93)	(3.72)
R^2	0.494	0.273	0.501	0.230
χ^2	57.35	19.47	47.05	13.72

注：①*、**、***分别表示在10%、5%、1%水平下显著，括号内为Z统计量。
②3SLS（Ⅰ）中价格与产出的对数差分变量 Δp_t、Δy_t 为其内生变量；外生变量为 Δsoe_t、inv_t、Δfd_{within}；3SLS（Ⅱ）中内生变量同前；外生变量仅将替换为 Δfd_{total}，其余同前。

从表 4-3 的回归结果可知：不管是用预算内支出还是用全部支出作为财政分权指标，回归结果均显示出财政分权在 10% 的水平下对价格及产出水平具有显著性影响，且影响系数为正。表 4-3 的回归分析结果与表 4-2 结论一致，即财政分权通过对整个经济体产生需求与供给冲击，并进一步对整个经济体的产出水平及物价水平产生影响，其中正向需求冲击系数的绝对值大于负向需求冲击的绝对值，两者共同作用的结果是：经济体产出水平的适量增加会伴随着价格水平的大幅度提升，即产出的增加在一定程度上是以通货膨胀为代价的。

与财政分权对经济增长的传统研究相比，尽管本文的部分研究结论与新古典经济增长模型基本契合，但其内在传导机制却有着较大的差异：基于新古典增长模型的分析，存在潜在隐含的条件，即供给冲击是对经济产生影响的主要因素，例如通过提高全要素生产率（TFP）来影响经济增长率。显然，这与本章的研究结论相反，我们的研究得出财政分权对经济体产生负的供给冲击。相较于供给冲击，更大的正向需求冲击才是真正产生正产出效应的因素，这也是本章与现有研究的主要差异。财政分权与经济波动具体的内在传导机制如图 4-5 所示。

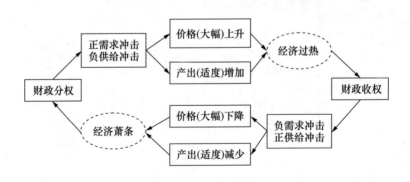

图 4-5　财政分权与经济波动的逻辑关系

运用图 4-5 的逻辑框架我们可以有效地解释本章第一节中所提

及的几点"特征事实"：由于政府部分投资对私人部门投资具有不完全的挤出效应，再加上两部门间投资效率的差异性，进而带来了财政分权制度之下需求冲击效应和供给冲击效应的非对称性，最终导致了产出水平与价格水平之间较强的正相关关系（即特征事实1、特征事实2）；财政分权导致的需求正向冲击远大于供给产生的负向冲击，这就促使价格波动的幅度大于产出波动的幅度（即特征事实3）；当中央政府意识到经济过热时便采取相应的"紧缩"财政政策即通过财政收权的方式抑制地方政府的投资规模，尽管收权有效地抑制了地方的投资水平，降低了价格水平，但却导致了更大幅度的需求水平下降，最终使得经济体进入萧条期。进一步地，经济的萧条将迫使中央对地方政府的财政分权，而分权无疑会重启新一轮的经济周期性波动（特征事实4）。

第五节　本章小结

本章基于 AS – AD 的分析框架，就财政分权对我国宏观经济波动的影响展开了研究，并进一步分析了内在的作用机制。运用所得结论，有效解读了在我国经济体的运行过程中出现的几点特征事实。首先，本章借鉴 Blanchard – Quah 的结构 VAR 分解方法，分解出了影响经济波动的两类冲击序列，即需求冲击与供给冲击。其次，由于需求冲击与供给冲击会给经济波动带来不一致的影响作用，因此我们进一步通过实证甄别了二者的影响。从实证检验的结果我们发现，财政分权通过两类冲击的共同作用来影响中国的经济波动，并且需求冲击与供给冲击方向并不一致，经济体运行过程中出现的物价水平与产出水平具有正向联动关系、物价水平相较于产出水平波动性更大、财政分权与经济周期正向关联关系等，均可以用这种独特的作用机制加以解释。那么财政分权是如何作用于宏观经济的？即正的需求冲击和负的供给冲击效应？我们提出，政府投资挤出效应的不完全性以及私人与政府部门投资效率的差异性是其中的关键解释因素：在财政分权导致地方政府投资规模扩大增加社会总需求的同时也挤出了部分私人投资，当地方政府的投资效率与私人部门的投资效率存在较大差异时，这种挤出行为将有可能降低社会总供给水平。因此，财政分权通过对整个经济体产生的正的需求冲击与负的供给冲击成为财政分权影响中国经济波动的重要传导机制。

虽然财政分权通过需求冲击能够使社会总产出水平有所提高，但需求冲击与供给冲击是不同的，前者只是暂时的而后者才具有持久性。这就表明，现有研究中只是一味强调分权能够提高产出水平即分权的产出效应而忽略了分权存在的一些重要问题：第一，通过需求冲击带来的产出水平的提高不具有持久性，因而这种方式带来的经济增长只是暂时的；第二，这种暂时性的经济增长同时还使得价格水平持续上涨，并且还将挤出部分私人资本。为此，要使我国经济保持平稳健康的增长态势，降低宏观经济"大起大落"的波动性，最首要的就是理顺央地财政关系，保持两者之间的相对稳定，其次要加强中央和地方财权和事权匹配，将两者予以规范化与制度化。

第五章　官员晋升与基础设施投资膨胀：微观视角及实证研究

在上一章研究中，我们主要利用时间序列的相关数据，证明了向地方更大程度的分权以及地方的投资增加将导致内生的宏观经济的周期性波动：财政分权带来的地方政府投资支出增加虽然存在需求效应，可以带来总需求水平的提高；但是政府投资同时还存在不确定的供给效应，因为政府投资挤出了民间投资，给定民间投资的效率相对较高（Brandt and Zhu，2000），这一结果导致一单位的政府支出的增加最终可能挤出更多数量的民间生产能力，从而使得总供给水平可能下降，可能不变，也有可能适当增加。无论哪种情况下都是价格相对产出更大幅度的变化。地方政府投资通过需求和供给效应的非对称性影响造成短期内宏观经济的波动。而对宏观经济的指令性调控又会造成宏观经济的新一轮的波动。调控宏观经济过热的指令性计划成为经济"硬着陆"的源头，财政分权下地方政府对经济的"过度参与"成为宏观经济"大起大落"最重要的体制因素之一。

但是上一章研究中还存在如下不足：①我们没有说明为什么财政分权和晋升博弈导致地方政府支出膨胀？②我们没有说明地方政府投资膨胀本身是否会导致地方经济更大幅度的波动？而上述两个基本问题将构成本章和下一章的研究主题。

本章我们将首先利用一个政治晋升博弈模型说明在财政激励和晋升激励的双重激励下，地方政府官员主导的投资规模将远超过"帕累托最优"的投资规模；其次，本章将利用省级政府官员政治晋升的微观数据，实证检验双重激励下政府官员的"变迁"对地区基础设施投资规模的影响。

第一节　研究问题与文献说明

一　研究问题

以亚洲金融危机为开端，各级政府为了扩大内需，通过密集投资拉动辖区内部的经济增长，我国的交通基础设施投资也进入了飞速扩张期①。在 2008 年全球经济大危机中，为了保持我国两位数的经济增速，应对经济危机的全球性冲击，中央出台了"四万亿元"的投资刺激计划，这促使各级地方政府掀起了新一轮的投资热潮，主要集中在交通基础设施投资。然而，如此大规模的交通基础设施投资符合当地的公共物品需求数量与结构吗？这种投资热潮是否会引致交通资源的严重浪费？是否会造成宏观经济更大的波动？财政分权与晋升竞争的相互作用会导致地方政府投资规模更大的膨胀吗？地方政府基础设施投资冲动背后的制度和激励机制是什么？本章中，我们利用省级官员政治晋升的微观数据，实证研究官员的政治晋升对地区基础设施投资的影响。

本章结构安排如下：第一节提出本文的研究问题。第二节将通过一个博弈模型说明双重激励体制下，地方政府官员的投资冲动，在此基础上提出假说。第三节主要介绍研究方法，以及研究数据来源。第四节是本章的实证研究结果及其分析。第五节是本章的主要研究结论。

---

① 截至 2010 年年底，我国的高速公路里程数已迅速增长到 74000 公里，较 1998 年增长了 7.5 倍；同期，我国的铁路营业里程数增长到 91000 公里，是 1998 年的 1.6 倍。

二　研究文献

Nordhaus（1975）开创性的文章刺激了关于政治经济周期的现代文献的发展。与传统的凯恩斯主义中的"烫平经济周期"的良性政府不同，在 Nordhaus（1975）的研究中，政府可能成为经济周期的源泉之一。执政党"在其执政期间选择的是能使其在下一届的选举中赢得更多选票的经济政策"。既然选民在选举前受到政府的宏观经济表现的影响，政治家们将忍不住影响经济政策从而影响选情。Nordhaus（1975）理论意味着存在政策的趋同，Hibbs（1977）对主要 12 个发达国家左翼和右翼政府的政策考核发现，不同派性的政府的政策存在显著性差异，从而提出基于派性的政治经济周期理论。而 Bartels 和 Brady（2003）研究，也进一步佐证了派性在经济周期中确实存在的证据，Bartels 和 Brady（2003）发现美国共和党与民主党执政期间在通货膨胀率与平均 GDP 增长率上存在31%和29%的显著差异。虽然基于派性的经济模型可以解释部分选举过程中的经济，但是在关键假设上，其依然存在系列问题：包括"富人比穷人更加厌恶通货膨胀"，从而工党或者社会党执政期间通货膨胀率相对较高，而失业率相对较低。Gogoff 和 Sibert（1988）、Rogoff（1990）以及 Persson 和 Tabellini（1990）等建立理性政治经济周期模型指出，信息不对称下，选举过程就是一个信号传递的过程，选举周期孕育着政策变量如财政开支、税收等周期性变化，从而使得经济周期性波动成为可能。Blomberg 和 Hess（2002）模拟了一个真实经济周期模型（RBC），其中制定财政政策的根据既包括派性周期，又包括机会主义的选举行为，该模型的政治经济含义对美国的经济周期做了较好的刻画①。在实证方面，Alesina、Cohen 和 Roubini（1992）以及 Alesina、Roubini 和 Cohen（1997）通过对货币变量

---

① 关于新政治经济学在宏观经济学，尤其是经济政策制定领域系统性的综述可参见 Person, T. 和 Tabellini, G.（2000）以及 Drazen, A.（2000a）。

的观察发现微弱的机会主义行为的证据，而 Schukenecht（1996）发现"相当多的证据"支持选举而产生的财政政策周期。

国内关于政治制度、官员晋升对经济绩效的相关研究较多（周黎安，2004，2007；张军、高远，2007；徐现祥等，2007；王贤斌等，2009），详细参考本书第二章的研究综述。而现有的研究主要强调政府官员晋升、官员异地任职等行为对经济增长的影响，较少涉及政治晋升对经济波动，尤其是对基础设施投资的波动的影响。本书认为，在现有的财政分权体制下，政府官员对经济增长和经济波动的影响并不是直接影响价格或者产出，而是通过对地区投资规模的干预，比如对基础设施投资规模的干预等方式影响当地的经济增长和经济波动。基于上述考虑，本书将进一步集中研究主题：主要探索政府官员的政治晋升与地方基础设施投资的关系，尤其是官员的政治晋升对交通基础设施的理论和实证影响。

交通基础设施对区域经济发展的影响是近 20 年来国内外学者的热门研究话题。基于生产函数法，Aschauer（1989）将基础设施从总资本中分离出来，并将其作为一种独立的资本进行专项研究，率先识别了美国公共基础设施支出与全要素生产率之间的重要关联，发现核心基础设施的产出弹性是 0.24，这一结论得到了 Munnell（1990）的支持。接着 Aschauer（1989）的研究思路，Hulten 等（2006），以及 Duggal 等（1999）学者提出基础设施会影响生产函数中的技术因子，即通过提高全要素生产率进而影响经济的长期增长。此外，也有学者从公共品溢出效应的角度解释交通基础设施的经济增长效应，通过建立内生增长模型，Barro（1990）、Holtz - Eakin（1993）发现政府提供的基础设施等公共物品会对私人资本产生显著的溢出效应，进而对长期的经济增长产生正向影响。国内学者沿袭了这一研究思路，估计了基础设施的产出弹性。诸如马栓友（2000）、娄洪（2003）等采用了不同数据样本与计量方法来测算我国基础设施的产出弹性。尽管国内学者的数据与方法存在差异，但他们都得出了基本一致的结论，即基础设施建设对经济增长起到了重要的正效应。然而，也有学者的研究结论显示基础设施对经济增长的影响并不显著，诸如 Stephan（2001），以及 Bonaglia 和 Ferrara（2000）一致发现基础设施的产出弹性较弱。也有学者从再分配的角度切入研究基础设施的投资效应，诸如 Boarnet（1997）、Chandra 和 Thompson（2000）发现基础设施投资仅仅会对经济活动产生分配效应，而不会增加社会的净产出。出现这些相反结论的一部分原因在于样本选择的差异，另一个重要原因是这些研究大多忽略了基础设施与经济增长之间的因果关系，再一个原因就是模型的设定、计量方法的选择，以及样本数据的选择①等都会影响到经验研究结论的可靠性。

上述研究大多是从基础设施对技术进步（全要素生产率）的贡献，以及基础设施的产出弹性等方面解释基础设施投资对经济增长的正向作用。然而，地方官员的晋升激励和财政激励也是不得不考虑的重要因素，由地方政府主导的基础设施投资完全可能会进一步放大辖区的经济波动，即地方官员会以经济波动为代价加大基础设施投资，而任免周期就成了驱动经济波动周期的重要阀门。其内在逻辑如下：在"新官上任三把火"的激励机制下，新晋升的地方政府官员可能大幅度增加当地的基础设施投资，同时预期到新任官员的大幅度的投资增加，在新官员上任之前，地区基础设施投资可能大幅度下降，因为官员晋升的波动导致地区基础设施投资的大幅度波动，从而造成当地经济的"大起大落"，政治的"任免周期"人为地造成了经济的"波动周期"。

图 5-1 是 1981—2013 年中国省级官员的调整频率与固定资产投资增长率的关系图，图中我们分别消除了各序列的平均数，数据来源和数据说明参考本章第三节。从图 5-1 中可以明显发现固定资产投资与地方官员调整频率之间的内在关联。二者之间的变动趋势

① 在基础设施构成上，许多学者所选取的指标存在很大差异；而在基础设施存量计算上，尽管大都采用了永续盘存法（Perpetual Inventory Method）进行估算，但在初期基础设施资本存量与折旧率的选择上仍存在差异。

高度契合，亦步亦趋。甚至可以说，是政治任免造就投资增长的周期性变动！

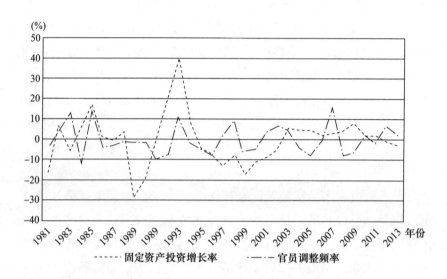

图 5 – 1　官员调整频率与固定资产投资增长率（1981—2013）

第二节　理论说明与研究假说

为了更系统地表述地方财政分权与政治锦标二者结合对地方政府投资行为的影响，以及为地方政府的过度投资行为提供理论依据，本节地区投资竞争模型主要参考了李猛和沈坤荣（2010）的理论模型。

对于地方政府而言，推动当地经济的发展离不开政府投资的增加，一方面基础设施投资建设，可以带来当地投资环境的改善，从而吸引更多的外商投资；另一方面增加政府直接投资可以有效刺激辖区内部的需求水平，直接给辖区的经济增长增加筹码。所以在分权体制下，投资以及相应的经济发展，可以使得地方政府获得如下两个方面的益处[1]：①政治晋升激励。在政绩的考核体制下，经济绩效较高者将获得更大可能性的政治提拔（周黎安、李宏彬，2005）。②财政收入激励。当地经济发展和税基的扩大，使得地方政府在"财权上收、事权下放"的不对称财政和行政关系中获得更加灵活的财政支配权（Qian. Y, et al. ，1997；1998）。

假设地方政府可以决定的决策变量主要为政府的投资量 q_j，其中 j 表示第 j 个政府，各个地方政府影响的投资总量为 $Q = \sum q_j$，地方政府从影响区域投资量中获得的财政收入收益为 $q_j P(Q)$，其中 $P(Q)$ 为单位投资带来的财政收入收益，随着全社会投资量 Q 的增加，单位资本带来的财政收入将下降，从而导致单位资本投资带来的财政收入的下降，即 $P'(Q) < 0$；由于政治晋升空间的有限性，地方政府官员需要在地区之间展开激烈的竞争，假设政治收益 $Z = Z\left(\dfrac{q_j}{Q}\right)$，即政治收益源于地方投资相对其他地方的比重，显然 $Z'\left(\dfrac{q_j}{Q}\right) > 0$；通过将地方政府官员的收益具体化，我们可以将地方政府官员的目标函数写成：

$$\pi_j = q_j P(Q) + Z\left(\frac{q_j}{Q}\right) \qquad (5-1)$$

这是一个标准的纳什博弈，地方政府之间的博弈存在一个纳什均衡投资量组合 $(q_1^*, q_2^*, \cdots, q_J^*)$，每个地方政府的最优化行为将导致最终纳什均衡的实行。

首先考虑不存在地方政府之间的竞争，如果各个地区的投资量由中央政府统筹决定，此时中央政府不需要考虑地方政府直接经济收益和政治晋升收益，将所有地区目标函数加总，并根据一阶条件，可以得到全社会最优投资量 Q_0^*，只要 Q_0^* 满足如下条件：

$$P(Q_0^*) + Q_0^* \cdot P'(Q_0^*) = 0 \qquad (5-2)$$

---

[1] 李猛、沈坤荣（2010）理论模型主要包括了直接经济收益、间接经济收益和政治收益三个部分的收益。

但是显然地方政府官员的最优投资的加总不等于中央政府的最优投资，因为对于地方政府而言，影响区域内投资是可以带来"额外"直接经济收益和可能的政治收益的。为了观察地方政府的投资行为是如何一步步地增加，超过社会最优投资量，我们分别考虑：

（1）情况1：地方政府只考虑财政收入激励的情况。地方政府 j 最优化的一阶条件意味着：

$$\frac{\partial \pi_j}{\partial q_j} = P(q_j + \sum_{k \neq j}^{J} q_k^*) + q_j \cdot P'(q_j + \sum_{k \neq j}^{J} q_k^*) = 0 \qquad (5-3)$$

因为这是个对称博弈，每个地方政府面临相同的选择问题，每个地方政府选择投资量 q^*，式（5-3）对应 J 个地方政府，所以有 J 个方程，将 J 个方程相加，可以得到：

$$J \cdot P(Q_1^*) + Q_1^* \cdot P'(Q_1^*) = 0 \qquad (5-4)$$

其中，Q_1^* 是所有地方政府官员只考虑财政收入收益，选择的均衡地方投资量的加总。通过比较式（5-2）和式（5-4）可以发现，由于 $J > 1$，并且由于 $P'(\cdot) < 0$，所以 $Q_1^* > Q_0^*$，即由于分权下的财政收入激励激发了地方政府的投资冲动，地方政府官员为了争取财政收入收益而展开投资大战，导致全社会最终投资形成远高于中央政府合意投资额。

（2）情况2：考虑地方政府除了需要考虑财政收入激励，还需要考虑政治晋升激励的情况。此时对式（5-1）取 q_j 的偏导数，一阶条件为：

$$\frac{\partial \pi_j}{\partial q_j} = P(q_j + \sum_{k \neq j}^{J} q_k^*) + q_j \cdot P'(q_j + \sum_{k \neq j}^{J} q_k^*)$$

$$+ Z'\left(\frac{q_j}{q_j + \sum_{k \neq j}^{J} q_k^*}\right) \cdot \frac{\sum_{k \neq j}^{J} q_k^*}{(q_j + \sum_{k \neq j}^{J} q_k^*)^2} = 0 \qquad (5-5)$$

同样式（5-5）一共有 J 个方程，对称博弈，意味着 $q_1^* = q_2^* = q_j^* = q^*$，将 J 个方程相加，并定义 Q_2^* 为地方政府既考虑财政收入激励又考虑政治晋升激励后的投资形成的全社会均衡投资量，可以得到：

$$J \cdot P(Q_2^*) + Q_2^* \cdot P'(Q_2^*) + \frac{J-1}{Q_2^*} \cdot Z'\left(\frac{1}{J}\right) = 0 \qquad (5-6)$$

由于式（5-6）中左边第三项大于零，对比式（5-4）和式（5-6），可以发现 $Q_2^* > Q_1^*$，即考虑政治晋升激励后，地方政府的投资冲动会进一步增加，因为区域投资的增加，可以带来区域经济的发展，除了有财政收入激励之外，经济发展还可以带来政治晋升可能性的增加。基于上述分析，本书提出如下假说：

研究假说：相对于在中央统筹规划下的投资总量，可以明显发现 $Q_2^* > Q_1^* > Q_0^*$，即双重激励下，地方政府将把区域投资总量扩大到远大于社会最优水平，造成投资冲动，投资饥渴或者说地方政府对区域经济的过度干预。

与地方政府投资热潮相对应的是地方政府对基础设施的投资增长，如张军（2007）指出，中国拥有发展中国家最好的基础设施。当然这一"为财政而投资，为晋升而投资"的扭曲激励机制也造成了地方贸易保护主义和重复建设问题。诸如我们经常可以看到各个地区"竞相甚至过度进入同一行业或一拥而上从事每个国家重点项目，从80年代的轻纺热、90年代的开发区热，到现在各地造车大跃进、机场建设大战……这些重复建设的背后都有政府主导或推动的影子，而这些一拥而上、一哄而起的过程中包含着明显的相互攀比和相互较劲的动机"（周黎安，2004）；"长三角在新一轮经济发展的竞争中，各地正在上演新一轮的机场建设大战。有人做过统计，目前长三角地区每万平方公里的机场密度为0.18个，超过美国每万平方公里0.16个的水平。与如此高密度的机场布局相对应的是许多机场的资源闲置和大量亏损，但这仍然阻止不了一些地级市加入这场造机场运动的热情"；同样类推到招商引资的过程之中，地方政府的热情也是不言而喻的。本来，各地区为招商而改善辖区软硬件设施本无可厚非，但是在现实生活中，各级地方政府为了招商引资而陷入恶性竞争泥淖的案例层出不穷，优惠的税收和土地价格，不断攀比的基建建设，使得招商引资过程中出现"门槛一降再降，成本一减再减，空间一让再让"的恶性竞争现象。而减税、土地的低价转让以及地区基础设施建设等行为都是由地方政府直接推行的。

第三节　研究方法与数据说明

一　研究方法说明

在地方分权和标尺竞争的官员治理结构下，地方官员"公共服务"职能被扭曲为"企业家官员"，官员上任初期的"新官上任三把火"效应和离任前的"避免为他人作嫁衣"效应塑造了我国基础设施"高消费"与"周期性波动"的特征事实。地方官员出于增加晋升和连任概率的角度考虑，会凭借大规模交通基础设施投资等手段来迅速提高本辖区经济绩效。本章利用中国各省省长和省委书记的微观面板数据，验证地方官员更替是否会影响辖区交通基础设施投资变化的假说。考虑到交通基础设施的投资周期较长，通常情况下都超过一年，可能会受到上一期投资的持续性影响，故本章借鉴 Rauch（1995）、Levine 等（2000）、Besley 等（2005）学者的动态面板估计方法，构建了如下动态回归模型：

$$\ln G_{i,t} - \ln G_{i,t} - 1 = \alpha_0 + \alpha_1 \ln G_{i,t} - 1 + \alpha_2 \ln ROT_{i,t} +$$
$$\beta \ln X_{i,t} + u_i + \omega_t + \varepsilon_{i,t} \qquad (5-7)$$

式中，$G_{i,t}$ 代表 i 地区第 t 年新增加的交通基础设施投资，等式左边两期对数值相减代表交通基础设施建设的增长率，这是本章的被解释变量。$G_{i,t-1}$ 用于处理交通基础设施投资的滞后性；$ROT_{i,t}$ 代表一个地区当年是否发生了官员更替，这是本章的关键解释变量；$X_{i,t}$ 代表其他会影响交通基础设施建设的解释变量，是一系列控制变量；u_i 用于反映省区固定效应，如地理条件、思想观念等不易量化因素；$\varepsilon_{i,t}$ 为随机误差项。为消除省区固定效应，本章对式（5-7）差分，可得：

$$\ln G_{i,t}{}^* - \ln G_{i,t} - 1^* = \alpha_1 \ln G_{i,t} - 1^* + \alpha_2 \ln ROT_{i,t}{}^* +$$
$$\beta \ln X_{i,t}{}^* + \varepsilon_{i,t}{}^* \qquad\qquad (5-8)$$

式中，由于滞后解释变量会与随机误差项相关，且其他控制变量可能与被解释变量互为因果，这些都给模型带来不可避免的"内生性"问题，导致模型参数估计产生偏误。为了消除"内生性"问题，得到官员更替对交通基础设施投资的无偏估计量，学界解决内生性问题的主要方法是采用联立方程组模型和工具变量法，Arellano和 Bond（1991）提出用一阶差分 GMM 方法来解决内生性问题，该方法属于固定效应类方法，有一个差分过程，可以部分解决解释变量的测量误差和遗漏问题，同时也能有效克服内生性问题。但这种估计方法容易受弱工具变量的影响，致使估计结果有偏，为此，Arellano 和 Bover（1995）、Blundell 和 Bond（1998）提出系统 GMM 估计方法来克服，故本章借鉴系统 GMM 估计方法进行实证研究。

二　研究数据说明

（一）核心变量的选取与描述

交通基础设施投资（$G_{i,t}$）。以往的研究主要通过三类方法衡量交通基础设施。一是交通基础设施的公共投入；二是交通基础设施的存量；三是交通基础设施的固定资产投资。第一类方法属于流量指标，仅包括政府采用财政部分的交通基础设施投资。然而，随着我国市场化改革的纵深发展，交通基础设施不仅仅包括公共投资，民间资本也开始进入了交通基础设施建设领域。尤其近年来，地方官员还通过设立大量地方融资平台公司进行大规模交通基础设施投资。因此，仅用政府公共投入并不能准确反映各地区交通基础设施的实际投资水平。第二类方法为存量指标，也是衡量交通基础设施存量的较好方法，但该方法并不适用于本章的研究，原因在于现任官员只能影响其任期内的交通基础设施投资，而无法影响前任官员的投资策略与行为。第三类指标不但属于流量指标，还包括了民间资本和地方政府融资平台公司所投资的交通基础设施，是刻画地方官员在任期间交通基础设施投资额的较好指标。然而，国内各类统计资料均未直接给出我国各省的交通基础设施投资额，本章只能参照世界银行的权威定义①，并结合我国省际面板数据的可得性，选取"交通运输、仓储及邮电通信业"的固定资产投资衡量该省的交通基础设施投资额。

地方官员更替（$ROT_{i,t}$）。在我国现行财政分权体制和政府治理模式背景下，职业晋升为地方官员致力于发展辖区交通基础设施建设提供了强大的激励。在我国，中央分别于 1982 年和 1990 年建立了官员退休与异地交流制度，实现了官员任期、交流的制度化、连续化与常态化，连任与晋升的目标会驱使地方官员在有限的任期内有所作为。国内关于官员交流的经验研究主要集中在经济增长领域（Li and Zhou，2005；张军和高远，2007）。本章借鉴这些学者对官员异地交流的衡量方法，采用我国省（市）委书记、省（市）长的异地交流面板数据来进行分析。如果省（市）委书记、省（市）长属于中央或者外省调入，就取值为 1，否则为 0。省长、省委书记的数据来源于《中华人民共和国职官志》（2003）以及人民网、新华网公布的干部履历，包括 1978—2010 年的省长、书记的调动、任职、年龄、学历等系列微观数据。

从图 5-2 中可以看出 1978—2012 年 541 人次的省级官员的调整，其中省长更换 249 人次，省委书记更换 292 人次；更换频率最高的是 2007 年的 30 人次，频率最低的则是 1984 年的 3 人次。整体而言，可以发现：①80 年代中前期省级干部的调整频率相对频繁，而自 1986—1992 年的调整频率相对稳定，前者年调整 19 人次，而后者年调整 11.7 人次；②1993 年以来的省级官员的调整与中国共产党的全国党代会紧密相关。1992 年滞后一年的 25 人次，1997 年滞后一年的 24 人次，2002 年当年的 21 人次，2007 年当年的 30 人次，以及 2012 年当年的 21 人次。

---

① 《世界发展报告 1994——为发展提供基础设施》。

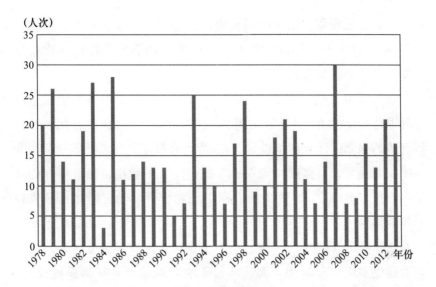

图 5 - 2　省长、省委书记调整频率（1978—2012）

（二）控制变量的选取与描述

非交通基础设施物质资本存量（$K_{i,t}$）。该指标是辖区扣除交通基础设施之外的物质资本存量，即全社会总物质资本存量与交通基础设施存量的差值。具体计算借鉴的是张军等（2004）的研究成果[①]，考虑到数据可得性等问题，本章交通基础设施存量由里程数表示[②]，因而不能直接计算出非交通基础设施物质资本存量，需将交通基础设施存量货币化，由于 1994—1999 年我国公路发展政策稳

---

①　当年的资本投资额为固定资本形成总额，考虑到物价变动等因素，通过固定资产投资价格指数进行平减，资本折旧率为 9.6%。本章采用 1952 年作为基期，最大限度地消除基期年份资本存量估计对后续年份的影响。

②　Demurger（2001）和 Fleisher 等（2010）学者提出采用交通密度来对交通基础设施进行衡量，即用公路、铁路和内河航道里程之和除以各省份的国土面积来进行衡量，但这种方法没有考虑公路、铁路和水运存在运载能力的差异，仅进行了简单相加。为此，本章根据三种运输方式的货物周转量差异，对不同运输方式根据货运密度赋予不同的权重，并将铁路和水路里程数换算成公路里程数，使三者具有可加性，则有 $G_{i,t} = W_{R_{i,t}} Rail_{i,t} + Road_{i,t} + W_{W_{i,t}} Water_{i,t}$，其中的 $Rail_{i,t}$、$Road_{i,t}$、$Water_{i,t}$ 分别表示 i 地区 t 年的铁路里程、公路里程和内河航道里程，$W_{R_{i,t}}$、$W_{W_{i,t}}$ 分别表示 i 地区 t 年的铁路、内河航道的货运密度分别与公路货运密度的比值。

定，公路建设投资占全社会固定资产投资的比重变化较小，平均为
6.48%[①]。故本章采用该比例推算每公里公路造价，按该造价将交
通基础设施存量货币化[②]。

年龄（$AGE_{i,t}$）。中央于1982年颁布了《中共中央关于建立老
干部退休制度的决定》，官员退休制度开始制度化、常态化，省部
级官员的强制退休年龄被设定为65岁，官员年龄与晋升激励存在着
高度相关关系，与接近"天花板"的年老官员相比，相对年轻的官
员更看重"政绩"，有更大的升职空间和投资冲动，因此有必要控
制年龄差异。

就职经历（$CEN_{i,t}$）。曾在中央工作过的地方官员可能为其辖区
争取到更多优惠政策和资源，从而影响当地的交通基础设施投资，
若地方官员曾在中央任职则取1，否则取0。

教育程度（$EDU_{i,t}$）。受教育水平可能会影响地方官员的执政策
略。如地方官员的学历是初中或以下，设为0；高中学历设为1；大
专学历设为2；本科学历设为3；研究生学历设为4；博士学历设
为5。

（三）数据来源与描述

梁琪和滕建州（2006）研究认为我国宏观经济数据的"结构断
点"大多出现在1992年以前，选择之后年度面板数据可不考虑
"结构断点"问题。张军等（2007）研究则指出我国在20世纪90
年代中期进行的财政体制改革对地方政府的交通基础设施投资产生
了极大的激励效应。故本章采用我国29个省[③]在1994—2010年年
度面板数据进行实证检验。

交通基础设施投资的数据主要来自《新中国六十年统计资料汇

---

① 数据来源于《新中国交通五十年统计资料汇编》。
② 采用该方法对交通基础设施存量进行货币化度量会产生一定误差，但交通资本存
量占全社会总物质资本存量比例较小，且作为控制变量，这些误差对本章的分析结论不
会产生显著影响。
③ 西藏和重庆市的数据不完整，未将其包括在本章的实证分析中。

编》《中国国内生产总值核算历史资料：1952—2004》《中国固定资产投资年鉴：1997—2012》《中国固定资产投资统计数典：1995—2000》以及历年的《中国统计年鉴》和各省的《地方统计年鉴》。其中，交通基础设施投资通过采用固定资产投资价格指数来扣除通货膨胀因素的影响；广东省 1994—2000 年的固定资产投资价格指数缺失，采用浙江省的数据进行替代①；河北省 2009 年和 2010 年内河航道数据缺失，由于内河航道里程数历年变化较小，本章采用该省 2008 年内河航道里程数计算，天津、宁夏 2009 年和 2010 年数据出现异常，也采用 2008 年数据替代。

　　表 5 - 1 列示了主要变量的统计描述结果。

表 5 - 1　　　　　　　　　　变量的描述统计

变量	变量名称	观察个数	均值	方差	最小值	最大值
G	交通基础设施投资增长率	493	0.31	0.58	-0.77	5.56
ROT	省委书记或省长更替	493	0.37	0.51	0.00	3.00
IC_ SJ	省委书记更替	493	0.22	0.43	0.00	2.00
IC_ SZ	省长更替	493	0.24	0.43	0.00	2.00
K	物质资本存量（亿元）	493	2965.43	3679.91	32.22	24925.40
AGE_ SJ	省委书记年龄	493	59.48	4.12	47.00	68.00
AGE_ SZ	省长年龄	493	57.66	4.15	43.00	66.00
CEN_ SJ	省委书记就职经历	493	0.14	0.34	0.00	1.00
CEN_ SZ	省长就职经历	493	0.15	0.36	0.00	1.00
EDU_ SJ	省委书记教育程度	493	3.01	0.88	1.00	5.00
EDU_ SZ	省长教育程度	493	3.21	0.80	1.00	5.00

---

　　① 浙江省的经济发展水平与广东较为接近，两地区间的固定资本价格指数各年差异较小，这样替代不会对本章分析带来实质影响。

第四节　实证结果

一　基本结果

表5-2报告了系统 GMM 的估计结果。为了验证模型设定是否合理，本章对各个模型均进行了 AR（2）检验和 Sargan 检验。结果显示，Sargan 检验的 P 值均为 1.000，不能拒绝模型不存在过度识别的原假设，表明工具变量的选取是有效的。AR（2）检验的 P 值均大于0.1，表明模型不存在二阶序列相关。即以上两种检验都支持了模型设定的合理性。

表5-2　　　　　　地方官员更替与交通基础设施关系的回归结果

模型	省委书记和省长样本		省委书记样本		省长样本	
	(1)	(2)	(3)	(4)	(5)	(6)
常数	0.3291 ***	0.2151 ***	0.3168 ***	1.1362 ***	0.2988 ***	0.5145
	(40.73)	(3.02)	(34.22)	(2.89)	(45.47)	(0.343)
L. G	-0.0522 ***	-0.0502 ***	-0.0576 ***	-0.0529 ***	-0.0471 ***	-0.0517 ***
	(-11.80)	(-9.71)	(-4.93)	(-6.94)	(-6.36)	(-4.73)
ROT	0.0505 ***	0.0457 **	0.1121 ***	0.1466 ***	0.1938 ***	0.1592 ***
	(2.80)	(2.48)	(4.22)	(4.06)	(9.03)	(4.29)
K		0.6841		0.5564		0.7038 **
		(1.49)		(1.44)		(2.10)
AGE				-0.011 *		-0.0030
				(-1.71)		(0.38)
CEN				-0.0754 **		-0.066
				(-1.93)		(-0.94)
EDU				-0.900 ***		-0.0437
				(-4.18)		(-1.15)

续表

	省委书记和省长样本		省委书记样本		省长样本	
Abond AR(1)	0.0196	0.0228	0.0171	0.0163	0.0134	0.0165
Abond AR(2)	0.5532	0.8037	0.7152	0.9591	0.4493	0.9021
Sargan test	1.00	1.00	1.000	1.00	1.000	1.00

注：①括号内的数值是该系数的 t 统计量；② * 、 ** 和 *** 分别代表变量在 10%、5% 和 1% 水平上显著；③ Arellano – Bond 检验的是一阶、二阶序列相关检验，原假设为误差项不存在自相关；④ Sargan 检验是过度识别检验，用以验证工具变量的有效性，原假设为模型不存在过度识别问题。

表 5 - 2 第（1）列是不加入任何控制变量的二元回归结果，估计系数为 0.0505，且在 1% 的水平显著异于零。平均而言，在省长或省委书记发生更替的年份，辖区的交通基础设施投资将增长 5 个百分点左右。考虑到非交通基础设施资本存量等因素也会影响被解释变量，故本章在第（2）列中控制了非交通基础设施资本存量，这并未改变第（1）列的估计结果，省委书记或省长的更替仍然对辖区的交通基础设施投资有着正向的促进作用。第（2）列的估计系数和显著水平都与第（1）列的回归结果非常接近。

地方官员处于一个非常封闭的内部劳动力市场，晋升和连任是其共同目标（Zhou，2002），在买方垄断的央地经济增长市场中，"横向标尺竞争"实现了地方官员晋升激励与辖区经济增长任务的相容（Blanchard and Shleifer，2000）。省委书记与省长都会参与这场"晋升锦标赛"，各省的 GDP 增长主要事关省长而非省委书记的政治命运，这是由二者的分工差异决定的，书记主要对党务（人事控制等）负责，而省长则被任命负责省域经济的运行。省长和书记在职务以及年龄、教育背景、中央任职经历等方面存在的异质性，可能会导致省长和省委书记采取不同的竞争策略，故在分样本分析中进一步控制了这些个人特征。

第（3）列和第（4）列考察了省委书记更替与辖区交通基础设施投资之间的关系。第（3）列是不加入任何控制变量的简单回归结果，在省委书记发生更替的年份，辖区的交通基础设施投资将增长 11.21%，且在 1% 水平上异于零。第（4）列进一步控制了非交通基础设施物质资本存量以及省委书记的个人特征，关键解释变量的估计系数上升至 14.66%，可见在不控制辖区领导人个人特征以及辖区固定效应时，官员更替对交通基础设施投资的效应是被低估的。

第（5）列和第（6）列以省长更替为样本，分析了省长对辖区交通基础设施投资的影响。回归系数分别为 19.38% 和 15.92%，略大于省委书记的估计效应。这与预期相符，由于省委书记和省长存在分工差异，在经济发展和管理领域，尽管省委书记掌握最后的决定权，但省长实际上承担了更多和更为具体的工作和责任，一个典型的案例就是目标责任书通常由省长代表签订（马亮，2013）。表 5 - 2 第（1）列至第（6）列的回归结果初步揭示了，地方官员更替会显著促进辖区的交通基础设施投资，初步验证了本章的理论假说，即官员变迁对当地基础设施投资具有显著的影响。

二　短期波动趋势

上一节，我们验证了官员更替会在当期促进辖区交通基础设施投资增长。本节将进一步甄别新上任官员与前任官员在投资策略选择上的异质性，以及官员更替对交通基础设施投资的短期影响趋势（波动效应）。

本章借鉴王贤彬和徐现祥等（2009）的检验方法，人为改变官员更替年份，做前置或后置 1—3 年的处理[1]，以反映新上任官员与前任在交通基础设施投资策略上的选择差异。表 5 - 3 报告了前置或后置 3 期的估计结果。第（3）列是将官员更替年份后置 1 期的回归结果，关键解释变量的系数为 - 3.95%，这意味着在发生官员更

---

① 后置一年的数据处理方法是，将官员更替的本年数据换为上一年的数据；前置一年的数据处理方法是，将上一年的数据换为下一年的数据。其他前置和后置的数据处理方法类似。

替前一年，官员变动会降低辖区的交通基础设施投资水平，这一结果非常符合"避免为他人作嫁衣"的直觉。第（4）列是官员更替当期的回归结果，我们关注的官员更替系数迅速上升为4.57%。第（5）列将官员更替年份前置1期后，关键解释变量的系数继续上升至5.92%。然而，当第（6）列将官员更替年份前置2期时，辖区内的交通基础设施投资又开始下降。

表5-3　　　　　　　　　　回归结果：进一步分析

模型	后置3期	后置2期	后置1期	当期	前置1期	前置2期	前置3期
	(1)	(2)	(3)	(4)	(5)	(6)	(7)
常数	0.2515 ***	0.3300 ***	0.2944 ***	0.2151 ***	0.2390 ***	0.2871 ***	0.1977 ***
	(7.30)	(9.73)	(10.44)	(3.02)	(5.27)	(5.56)	(3.69)
$L.G$	-0.0574 ***	-0.0471 ***	-0.0521 ***	-0.0502 ***	-0.0493 ***	-0.0214 ***	-0.0161 **
	(-8.48)	(-8.53)	(-11.00)	(-9.71)	(-8.63)	(-2.90)	(-2.06)
ROT	0.0822 ***	-0.0214	-0.0395 **	0.0457 **	0.0592 **	-0.0518 ***	0.0248
	(4.05)	(-1.42)	(-2.18)	(2.48)	(2.54)	(-3.74)	(1.34)
K	0.5621 **	0.1324	0.4551 **	0.6841	0.5297 **	0.3061	0.3438
	(7.30)	(0.62)	(2.30)	(1.49)	(1.95)	(0.97)	(1.06)
Abond AR (1)	0.0279	0.0242	0.0259	0.0228	0.0163	0.0134	0.0204
Abond AR (2)	0.6143	0.4329	0.7305	0.8037	0.9591	0.4493	0.3693
Sargan test	1.00	1.00	1.000	1.00	1.00	1.000	1.00

注：①括号内的数值是该系数的t统计量；②*、**和***分别代表变量在10%、5%和1%水平上显著；③Arellano-Bond检验的是一阶、二阶序列相关检验，原假设为误差项不存在自相关；④Sargan检验是过度识别检验，用以验证工具变量的有效性，原假设为模型不存在过度识别问题。

图5-3是表5-3中回归结果的直观化展示：我们可以明显发现t期的官员变动会导致当期当地基础设施投资额的大幅上涨，而且这种交通基础设施投资的增加在官员更替的次年更加明显，而在

官员变动之前则表现为下降的趋势。具体而言，就是官员上任初期的"新官上任三把火"效应和离任前的"避免为他人作嫁衣"效应。总而言之，围绕政府官员的任免，在任免前后本身就会导致地方交通基础设施投资的大起大落的变动，从而诱发当地宏观经济的波动。

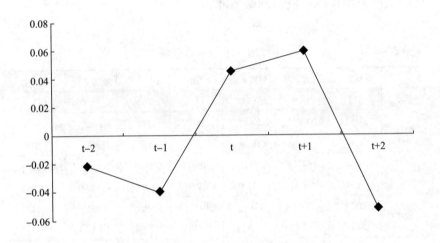

图 5 - 3　官员调整对地方基础设施投资影响的时间效应

图 5 - 3 的时间模式可能源于多种因素的考量：①"新官上任三把火"效应导致官员更替当年的交通基础设施投资额大幅上涨；②交通基础设施投资具有一定的持续性和滞后性，再加上官员任免多发生在年底，且往往于次年才正式接任工作，这使得官员更替次年的交通基础设施投资增长率会较更替当年有一个更大的幅度增长；③到任期第三年的时候，考虑到下一次更替接近，且基础设施投资效应具有滞后性，为避免白白给下任官员作嫁衣，这种投资激励效应会大大减弱，当然在统计上这种下降并不显著，可能是因为经过上任两年内的大规模投资后，地方财政难以为继，所以这种负向效应被其他解释变量分担了。综上所述，官员更替的当年或次年会伴随着交通基础设施投资的增加，而上任前两年内或上任两年之

后会开始引致交通基础设施投资下降，这一走势高度契合了"新官上任三把火"效应，也检验了地方官员的更替会引致交通基础设施投资的波动基本设想。

三　地区差异

我们接下来继续考察地方官员更替对交通基础设施投资是否存在地区之间的差异。首先将样本划分为东部、中部和西部①，分别对三个地区的样本数据进行检验，得到表 5-4 的回归结果。

表 5-4　　　　　　　　　　　　分地区回归结果

	东部样本	中部样本	西部样本
模型	(1)	(2)	(3)
常数	0.4504***	0.3791***	0.3311***
	(13.12)	(5.76)	(6.75)
L. G	-0.0764	-0.4607	-0.1671**
	(-1.13)	(-1.56)	(-2.04)
ROT	0.1123**	-0.0212	0.0794*
	(2.46)	(-0.44)	(1.73)
K	-0.0001***	0.0001	0.0001
	(-3.77)	(0.81)	(-0.39)
Abond AR (1)	0.1003	0.4519	0.0897
Abond AR (2)	0.3814	0.3086	0.8733
Sargan test	1.00	1.00	1.000

注：①括号内的数值是该系数的 t 统计量；② *、** 和 *** 分别代表变量在 10%、5% 和 1% 水平上显著；③ Arellano - Bond 检验的是一阶、二阶序列相关检验，原假设为误差项不存在自相关；④ Sargan 检验是过度识别检验，用以验证工具变量的有效性，原假设为模型不存在过度识别问题。

———————————

①　东部地区包括北京、天津、河北、辽宁、上海、江苏、浙江、福建、山东、广东、广西、海南 12 个省、自治区、直辖市；中部地区包括山西、内蒙古、吉林、黑龙江、安徽、江西、河南、湖北、湖南 9 个省、自治区；西部地区包括重庆、四川、贵州、云南、西藏、陕西、甘肃、宁夏、青海、新疆 10 个省、自治区。

表5-4回归结果表明，东部、中部和西部地区的地方官员更替对交通基础设施投资产生的影响存在差异。东部、西部地区的地方官员更替的系数分别为11.23%和7.94%，且分别通过了5%和10%的显著性水平检验，而中部地区地方官员更替的系数接近零，且不显著。三个地区中，东部地区官员更替对交通基础设施投资的促进作用最大，西部地区次之，中部地区影响最小。对东部地区而言，经济发展较快，财政收入较多，且市场对交通基础设施需求较大，让地方官员能利用辖区内巨额的财政收入和民间资本进行大量交通基础设施投资，为职业晋升捞取政治资本；而西部为欠发达地区，能够获得国家大量财政与政策支持，从而进行大量交通基础设施投资；然而，中部地区的地方官员同样有通过加大交通基础设施投资来凸显"政绩"的意愿，但却不如东部地区有可以利用的巨额财政收入和民间资本，又不如西部地区能够获得的国家财政与政策支持，从而导致"中部塌陷"的尴尬局面（王贤彬、徐现祥，2010）。关于"中部塌陷"的理论基础，我们将在第七章进行更加详细的说明。

四 实证结果的再检验

上一节验证了官员更替与交通基础设施投资波动的关系。我们可以进一步推论，如果一个地方官员更替的频率越高，那么交通基础设施投资波动的幅度也会相应更高。本章利用各省交通基础设施投资增长率在一定时间内的平均绝对离差和方差来衡量交通基础设施的波动程度，以验证官员更替频次与交通基础设施投资波动幅度的正向关系[①]。为排除经济周期性波动和"五年计划"的影响，本章在回归中进一步控制了GDP增长率的平均绝对离差和方差，并按照"五年计划"将样本分为三个时段进行检验，实证结果见表5-5。

---

① 显然，平均绝对离差或方差的值越大，交通基础设施投资的波动幅度越大。

表5-5 官员更替频次与交通基础设施投资波动

模型	平均绝对离差			方差		
	1996-2000	2001-2005	2006-2010	1996-2000	2001-2005	2006-2010
ΔROT	0.1700***	0.1031***	0.0465***	0.3194**	0.1311*	0.0109**
	(3.704)	(4.337)	(5.284)	(2.235)	(-1.664)	(1.981)
Δg	162.6676	0.7040	226.7216***	-571.1841	-109.5669	198.0345***
	(0.4245)	(0.0068)	(3.841)	(-0.479)	(0.3198)	(5.321)
样本量	29	29	29	29	29	29
R^2	0.5525	0.4793	0.7910	0.2372	0.1027	0.7159
F统计量	18.90	12.43	51.09	4.20	1.55	34.02
Prob > F	0.0000	0.0001	0.0000	0.0259	0.2315	0.0000

注：①括号内的数值是该系数的t统计量；②*、**和***分别代表变量在10%、5%和1%水平上显著。

表5-5报告了用平均绝对离差和方差衡量交通基础设施投资波动的估计结果。当我们用平均绝对离差衡量交通基础设施投资波动时，官员更替频次的估计系数在三个不同的时间段内皆显著为正，估计系数分别为0.17、0.10和0.04。这一结果在改用方差衡量后依旧稳健，估计系数分别为0.32、0.13和0.01。可见，无论是以平均绝对离差还是以方差衡量交通基础设施投资波动，估计结果均符合直觉，也与实际情况相一致①。

第五节 本章小结

本章中，我们主要说明了财政分权的体制下，地方政府投资行为。在传统研究中，主要强调：①官员任免对当地经济增长的影响；②财政分权对经济增长的影响。本书认为财政分权与政治晋升激励二者不可分割，财政分权的经济激励需要政治的集权晋升的保

① 例如1994—2010年山东和吉林的官员更替频次较高（9次），其对应的交通基础设施投资增长率的方差也较大（分别为0.49和0.52）。与之相反，广东和天津的官员更替频次较低（5次），故其交通基础设施投资增长率的方差也较小（仅为0.13和0.03）。

障，没有晋升的激励，财政分权本身并不会造成地方政府官员的 GDP 竞争；同样地，没有财政分权所提供的财政保障，政治晋升的集权控制也不可能带来地方官员的激励。所以分权竞争、集权晋升这一特殊的制度安排，既是长期中国经济高速增长的根源，也是短期宏观经济波动的主要因素之一。本章中，我们集中研究探讨了"集权晋升下的分权竞争"对地区交通基础设施投资的影响，本章研究发现：

（1）理论上讲地方政府官员面临着财政收入激励和政治晋升激励的双重激励，前者随着当地经济发展和税基的扩大而扩大，使得地方政府在"财权上收、事权下放"的不对称财政和行政关系中获得更加灵活的财政支配权；而后者意味着在政绩的考核体制下，经济绩效较高者将获得更大可能性的政治提拔。上述双重激励意味着地方政府官员将具有更大的冲动进行地方基础设施的投资建设，从而导致地方基础设施投资规模远大于在中央统筹安排下的基础设施投资规模。上述逻辑正是"分权造成投资膨胀"的微观基础。

（2）利用 1994—2010 年省级官员任免的微观数据和地区交通基础设施投资数据，本章实证检验了上述假说。研究表明在省委书记或省长发生更替的年份，辖区的交通基础设施投资将增长 4.05%，且通过了 1% 的显著性水平检验，对省长和省委书记分别回归显示官员晋升地区交通基础设施投资影响分别达到 14% 左右。同时，本章研究还表明地方官员任免对当地基础设施投资的影响具有一定的可识别的规律，具体而言，在新官员上任当年，当地交通基础设施投资增长达 4.57%，一年后当地基础设施投资增长 5.92%，在上官员上任后的第三年，投资规模下降。与此同时，预期到新官员的上升，老官员的人事变动，在新官员上任之前的一年，当地交通基础设施投资开始大幅度下降，下降幅度达 3.95%。这一官员任免对交通基础设施投资的时间模式，清楚地表明官员的变动本身就是当地投资波动，从而是地区经济波动的重要因素之一。

下一章中，我们将进一步利用省级面板的财政数据，研究证明分权对当地经济波动的影响。

第六章　财政分权与区域经济波动：
中央与地方博弈的视角

在第五章，通过使用省级官员的截面数据，研究结果表明地方交通基础设施投资受地方政府官员变迁的影响非常明显：首先，官员刚上任期间对发展基础建设的积极性最高；其次，官员变迁与基础建设的关系具有明显的时间性，即在地方官员即将调离本地前的一段时间，当地的基础设施投资急剧下降，当新的官员到任后，当地的交通基础实施投资又迅速回升，官员的政治变迁导致当地基础设施投资也随之起伏波动，这对当地的经济波动也带来了很大程度的影响。回顾第四章的研究，我们得出了地方投资变动（包括基础设施投资）影响当地经济波动的系统的逻辑：财政分权形成了财政激励，同时政治集权形成了晋升激励，两种制度共同导致了地方政府官员的激励扭曲，进而使地方投资随着官员的变迁而剧烈变动。当地政府一方面带来了宏观经济的需求效应，但另一方面却在排挤当地的民间投资，而政府投资和民间投资具有明显的投资效率差，对民营投资的排挤会降低当地的生产效率，减弱地方的供给效应，在一个 AD – AS 的研究方式下，上述官员变迁将造成投资的变化，进而促使宏观经济起伏波动。地方政府投资通过对需求和供给效应产生不一致影响，导致短期内宏观经济的波动，为了缓和经济波动，政府的指令性调控又将引发宏观经济的持续性波动。在宏观经济过热时对其进行指令性调控导致了经济"硬着陆"，而在财政分权背景下，导致宏观经济剧烈波动的最关键的体制因素就是地方政府对经济的"过度参与"。

  本章将继续探讨以下两个主题：①中央政府与地方政府的博弈行为如何造成宏观经济的波动？②地方政府过度投资是否会带来地方经济更加剧烈的波动？

  本章的研究中，我们将从地方政府与中央政府博弈互动的角度探索"行政管理式"调控方法造成宏观经济的周期性变动的内在逻辑。本章使用省级财政和投资的截面数据研究验证文章的基本假说。本章结构如下：第一节对研究问题进行详细说明，接着创建恰当的理论模型并提出研究假说；第二节具体说明本章的研究方法以及研究数据的来源；第三节是本章的实证结果及其分析；第四节是本章主要研究结论。

第一节　研究问题与研究假说

一　研究问题

  本章的研究中，我们以中央政府与地方政府博弈的角度为出发点，主要将地方政府作为本章的研究对象。研究的基本问题如下：①地方政府与中央政府的博弈如何造成宏观经济的波动？②地方政府投资膨胀如何影响区域宏观经济周期性波动？

  相较第四章从总供给和总需求的宏观角度以及第五章的微观角度而言，本章的研究层面属于"中观"。仅仅是投资规模的扩大并不能直接导致宏观经济的周期性波动，更加重要的因素是，投资膨胀导致中央政府进行宏观经济调控和地方政府的"理性预期"，这也能够解释宏观经济"一放就活，一活就乱，一乱就收，一收就死"的行为特征。一旦地方政府预计到中央政府将对宏观政策进行微调，"理性"的地方政府将会进行更大力度的投资，以确保在中央政府的微调政策落实之前，使本地已在策划的项目尽快开展，对政策进行"微调"导致宏观经济的过热，这又使中央政府不得不采取更为直接以及更为严厉的"行政对策"，最终就造成了宏观经济的"硬着陆"。本章使用1985—2012年中国的省级截面数据和动态截面数据的研究方法，实证检验了地方财政支出（预算内和预算外支出）对区域经济波动的影响（包括价格波动和产出波动）。

二　研究假说

（一）投资与宏观经济波动

投资膨胀直接导致了区域经济反复经历过热，而中央政府随之对宏观经济反复进行调控，究其根本，引发地方政府投资过度的制度因素是财政分权和政治晋升。而地方政府对宏观调控的预期因素，也导致分权下的经济波动出现更为剧烈的波幅和更高的效率损失。具体机制如下：

投资的过度膨胀引发经济的过热，中央政府不得不对持续升温的宏观经济进行"恰当"的调控。但是预计到中央政府会采取紧缩的干预措施，"理性预期"使地方政府会赶在宏观调控落实之前，抓紧审核新项目，启动尽可能多的基础设施项目。

中央政府陆续出台的"微调"政策，就像十字路口频繁闪烁的"黄灯"，刺激各级地方政府在"红灯"亮起的间隙，猛踩扩张投资的"油门"，进行最后的冲刺。因此，中央政府需要采取更为严厉的紧缩政策，"一刀切"式的行政措施不可避免，诸如此类的宏观调控恰似抗生素类药物，虽然难以永久性地加强机体的内在素质，但短期效果非常显著，中国的宏观经济也就随之激烈起伏，表现出特有的周期性特征（沈坤荣、孙文杰，2004）。

图6-1描述了各地方政府的投资博弈和中央的宏观调控之间的逻辑思路，二者共同构成了中国宏观经济激烈波动的微观机制。财政分权使地方政府具有过度投资的动力和可能性，而政治晋升使地方政府的投资积极性进一步加强，在预期和中央政府的相机性宏观调控的影响下，最后形成了宏观经济的"冷热"交替。

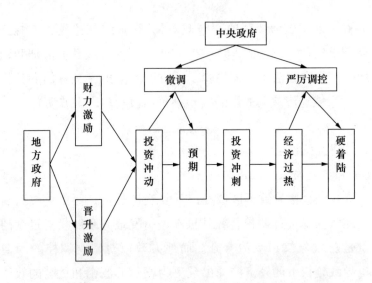

图 6 - 1　地方政府投资与经济波动

（二）研究假说的提出

为检验上述传导机制，同时考虑地方政府的不同支出类型对经济波动的差别性影响，本章将实证检验以下假说：

假说一：总的来说，地方政府的财政支出加剧了区域经济波动。

第四章已经说明财政支出使宏观经济产生供给和需求的冲击效应，本章中将讨论地方财政支出扩张、资本的使用效率低下、政府过度干预导致区域经济内部扭曲以及中央政府的宏观调控等问题，而地方财政支出膨胀不仅仅是影响产出和价格，其本身就会导致宏观经济的波动。因此相对上一章来说，本章将主要检验政府财政支出对价格波动以及产出波动的影响，而非对价格水平以及产出水平的影响。

假说二：相较预算外的财政支出来说，预算内收入对经济波动的影响更大。

政府财政支出会加剧区域经济的波动性，但不同的支出类型对区域经济的影响存在差异性，平新乔（2007）认为，地方财政的支出增加、行政成本的增长、投资规模的膨胀，就是通过"预算外"

收支这种"软"的预算约束实现的。预算内收支的刚性较强，地方政府难以依据自身的意愿随意使用，而预算外收支几乎完全由地方政府掌控，使用时也不受上下级政府的限制和约束，这就刺激了地方政府扩张"预算外收入"的积极性。又因为预算外财政支出受预算约束较弱，政府在运用时更加自由和便利，地方政府可以伺机将其利用到受中央政府严格调控的宏观经济中去，进而加剧了地方宏观经济的波动。

第二节　研究方法与数据说明

为进一步确认地方财政支出对地方宏观经济波动的具体影响，本节将利用省级截面数据进行实证验证。采用截面数据而非时间序列的主要原因是前者相较后者的优势更明显，主要优势是前者具有更大的样本容量，因而能够提高计量检验的可信性。更加关键的是截面数据能够消除一部分与时间因素无关的特质效应（Cheng Hsiao，2003），例如地理环境对区域收入差距的影响。就本章来说，鉴于财政分权首先是造成地方政府财政支出的波动，所以使用省级层面的截面数据来分析地方政府财政支出对经济波动造成的影响。

一　估计方法说明

文章第一部分已经说明，财政支出主要影响经济波动中地方价格和产出水平两个方面，实证检验中，我们分别用价格波动以及产出波动表示经济波动。因此用以下的计量模型进行实证检验：

$$\sigma_{i,t}^{P} = \alpha_0 + \alpha_1 \sigma_{i,t-1}^{P} + \alpha_2 fd_{i,t} + \alpha_3 m_{i,t} + \alpha_4 mar_{i,t} + \alpha_5 soe_{i,t} + \mu_i + \varepsilon_{i,t}$$

$$(6-1)$$

$$\sigma_{i,t}^{y} = \beta_0 + \beta_1 \sigma_{i,t-1}^{y} + \beta_2 fd_{i,t} + \beta_3 m_{i,t} + \beta_4 mar_{i,t} + \nu_i + e_{i,t} \qquad (6-2)$$

其中，下标 i，t 分别代表省份和时间，式（6-1）中设定的影响价格波动的经济变量：上一期的价格水平 $\sigma_{i,t-1}^{P}$，财政分权 $fd_{i,t}$，

货币供给 $m_{i,t}$，市场化程度 $mar_{i,t}$。μ_i 代表影响各省价格波动的特殊因素，即各个省份特有的个体效应。构建式（6-2）的目的是研究影响产出波动的主要因素。其中，用通货膨胀率以往三年的标准差①代表价格波动指标 $\sigma_{i,t}^p$，若通货膨胀率无变化，直接忽略通货膨胀率的绝对值，视价格波动为零；产出波动指标 $\sigma_{i,t}^y$ 的定义与此类似。

回归方程（6-1）、方程（6-2）中包含被解释变量的一阶滞后项，如方程（6-2），若价格波动的惯性影响是持续不变的，那么 $\alpha_1 = 1$，同理，惯性影响递减则 $\alpha_1 < 1$。鉴于一阶滞后项与随机误差项的关联性，也许会造成回归系数的内生性偏差，因此采用广义矩估计法进行实证研究。

差分广义矩估计法（DIF-GMM）：Arellano 和 Bond（1991）利用广义矩估计法（GMM）对方程（6-1）和方程（6-2）进行差分处理，以消除个体效应，变形后表示为：

$$\Delta\sigma_{i,t}^p = \alpha_1\Delta\sigma_{i,t-1}^p + \alpha_2\Delta fd_{i,t} + \alpha_3\Delta m_{i,t} + \alpha_4\Delta mar_{i,ti} + \Delta\varepsilon_{i,t} \quad (6-3)$$

$$\Delta\sigma_{i,t}^y = \beta_1\Delta\sigma_{i,t-1}^y + \beta_2\Delta fd_{i,t} + \beta_3\Delta m_{i,t} + \beta_4\Delta mar_{i,ti} + \Delta e_{i,t} \quad (6-4)$$

差分后的模型虽然消除了异质的面板效应，但内生性问题仍旧没有解决，也就是经济波动指标的一阶滞后项仍旧与随机误差项之间具有关联性，回归系数的偏误问题依然存在。可以借助标准的工具变量估计上述模型，以模型（6-3）为例，可以在模型中加入滞后差分项 $\Delta\sigma_{i,t-1}^p$ 或者滞后水平值 $\sigma_{i,t-1}^p$ 当作 $\Delta\sigma_{i,t-1}^p$ 的工具变量（倘若时间序列的时间段足够长，可以加入差分和水平值的更高的滞后阶数项）。但是在 α_1 接近 1 以及 $var(\mu_i)$ 相较 $var(\varepsilon_{it})$ 增长得更迅速的情况下，Arellano 和 Bover（1995）证实采用上述方法处理 DIF-GMM，工具变量的作用不大（Arellano and Bover, 1995; Blundell and Bond, 1998），这种情况下可以使用系统的广义矩估计

---

① 使用三年而不是更多主要考虑到更多年份标准差的计算一方面造成样本量的减少，另一方面也可能造成指标的高度持久性导致估计结果的不稳健。

（SYS – GMM）。也就是同时利用差分模型（6 – 3）和水平模型（6 – 1）的矩条件，以增强估计方程中的弱工具性。将经济波动的差分项 $\Delta\sigma_{i,t-1}^{p}$ 和其滞后项当作水平估计方程（6 – 1）的工具变量，建立同时包含差分模型（6 – 3）和水平模型（6 – 1）的联立方程组进行联立估计。Blundell、Bond 和 Windmeijer（2000）使用蒙特卡洛模拟证实：样本容量较小时，SYS – GMM 相较 DIF – GMM 的估计误差更小，准确性更高，所以本章主要使用系统广义矩估计法进行实证检验。模型（6 – 2）和模型（6 – 4）的检验方法与此类似。

二　研究数据说明

本章主要使用 1986—2012 年 30 个省、自治区、直辖市的截面数据①进行实证检验。详细的数据说明如下：

价格波动指标：用各省市的 GDP 平减指数表示，构造 GDP 平减指数的具体方法：首先利用各地区的 GDP 增长指数推算出各地区的实际 GDP，然后将名义 GDP 比实际 GDP 得出各地区的 GDP 平减指数，最后将定基的平减指数转换为环比的平减指数充当各地区的价格水平指标。第 t 期的价格波动指标，使用当期和过去两期，一共三年的 GDP 平减指数的标准差表示。数据来自历年《中国统计年鉴》。

产出波动指标：首先使用地区 GDP 的增长指数推算各地区各期的实际 GDP 增长率，当期的产出波动指标，用以往三年的产出波动的标准差表示。数据来自历年《中国统计年鉴》。

货币供应指标：研究价格和价格波动时，涉及货币供应量的问题，但因本章采用省级截面数据指标，所以没有地区货币供应量的数据，鉴于此，本章使用"城镇储蓄存款"充当货币供应的简化指标，不可否认这个替代指标难以充分表现各地区的货币供应量，但却有其他妙用。广义货币 M2 由流通中的现金、活期存款、定期存

---

① 数据不包括西藏地区。

款、储蓄存款构成，采用"城镇储蓄存款"指标就能在很大程度上反映当地商业银行创造货币流动性的能力。为使对系数的解释更加具有现实意义，将原始数据做了对数处理。数据来自历年《中国金融统计年鉴》。

财政指标：为研究不同性质的财政支出对经济波动的差异性影响，具体的财政支出指标用预算内财政支出和预算外财政支出两项来表示，也就是说预算内财政支出比当地 GDP 以及预算外财政支出比当地 GDP。这个指标与目前已有文献中使用的财政分权指标不尽相同，这是因为本章的目的是检验地区财政支出对区域经济波动的影响，所以直接使用地方预算内支出和预算外支出来表示财政支出指标更为妥当。数据来自历年《中国财政统计年鉴》。

市场化程度：计划经济向市场经济的转化过程，本身就可能导致体制性的通货膨胀，原因是在计划经济时被低估的要素价格将会在市场化进程中根据市场需求进行大幅度的调整，这就形成了通货膨胀；但另外，地方市场化程度的提升又使政府的经济干预强度下降，缩小了宏观经济的波幅，综合两方面，市场化程度对区域宏观经济波动的影响难以确定。本章采用"非公有制企业固定资产投资/全部固定资产投资"代表各省的市场化程度指标，以此刻画市场化程度对价格水平和价格波动的具体影响。数据来自历年《中国固定资产投资统计年鉴》。

第三节　实证结果及其解读

一　价格波动实证结果及其分析

本章的模型回归结果如表 6 - 1 所示，样本的时间区间为 1986—2012 年。本章使用动态截面数据的广义系统矩估计法 SYS - GMM 分别回归了带控制变量和不带控制变量的四组模型，对四组模型的构建和结果作以下说明及解析：

表 6 - 1　　　　　　　价格水平的 SYS - GMM 计量结果

被解释变量：价格波动	模型 I	模型 II	模型 III	模型 IV
滞后价格水平 $\sigma_{i,t-1}^{p}$	0.7441 *** (5.13)	0.7347 ** (2.63)	0.6921 *** (3.17)	0.7030 *** (2.60)
预算内财政支出 $fd_{i,t}$	0.1023 ** (1.91)		0.1429 ** (2.03)	
预算外财政支出 $fd_{i,t}$		0.2655 ** (2.19)		0.2019 * (1.74)
货币供给 m_t			0.4341 (1.03)	0.5229 (0.26)
市场化程度 $mar_{i,t}$			-0.0231 * (-1.68)	-0.0215 ** (-2.08)
常数项	0.6533 *** (7.21)	1.1421 *** (8.79)	1.4021 *** (15.27)	1.0120 *** (11.31)
全套时间虚拟变量	0.000 ***	0.000 ***	0.000 ***	0.000 ***
Sargan 检验	0.14	0.41	0.28	0.45
样本量	690	690	690	690

注：括号内是 t 统计量；***、**、* 分别表示系数在 1%、5%、10% 的水平下显著。

模型 I 及模型 II 未增加其他控制变量[1]，模型的主要目的是研究地方财政支出对价格水平的影响，结果显示增加预算内财政支出和预算外财政支出都会明显地扩大地方价格的波幅；模型 III 和模型 IV 增加了市场化程度 mar 和货币供给量 m 这两个控制变量，这并不

---

[1]　四个回归模型中都控制了时间序列变量，为节省篇幅，表 6 - 1 中仅列出了所有时间虚拟变量的联合 F 检验，表 6 - 2 的处理方法与此类似，鉴于价格波动以及产出波动指标的绝对值太小，实际操作中，上述两项指标都乘以 100 后再回归。

影响财政支出对价格波动影响的稳健性。总的来说财政支出在 10% 的显著性水平下显著。模型Ⅲ和模型Ⅳ使用的工具变量包括价格波动指标 $\sigma_{i,t-1}^p$ 及其差分的滞后值,本章使用 Sargan 法检验工具变量的有效性,其原假设是工具变量和误差项无关,Sargan 检验结果中 p 值分别为 0.28 以及 0.45,结果显示动态截面数据中选择的滞后期数恰当,使用差分后的通货膨胀率充当工具变量的处理方式是正确的。

通过分析回归模型Ⅲ、模型Ⅳ以及如表 6-1 所示的回归结果,得出以下结论:

(1) 地方财政支出对当地的价格波动产生巨大的影响,价格波动随财政支出的扩张而提高,价格波动随财政支出的紧缩而下浮,并且不管是使用预算内指标还是预算外指标,是否添加控制变量,财政支出指标在 10% 的显著水平下显著为正的结果总是稳健的。因为本章地方财政支出的指标是分别用预算内和预算外财政支出比当地 GDP 的比重来表示的,所以模型Ⅲ的结果说明,预算内财政支出与 GDP 的比每上升一个百分点,物价波动就上升了 0.143%,可以说价格波动除了受它本身的一阶滞后项的影响外,这也是一个关键因素。

(2) 预算外支出对通货膨胀的影响相较预算内支出对其的影响更加重大,这验证了前文提出的研究假说。上述二者的回归系数为 0.143 以及 0.201,检验结果说明预算内支出的估计区间在 10% 显著性水平下远远大于预算外支出的估计区间。预算外支出对价格波动的影响几乎是预算内支出的两倍。由于政府预算难以约束预算外收支,因此地方政府有强烈的动机增加预算的各类收入去弥补支出的不足。这种收支从预算内向预算外的转移能够反映地方政府从"援助之手"到"攫取之手"的角色转换(陈抗、Arye L. Hillman,2002),这也直接加剧了区域经济的波动幅度。

(3) 代表市场化程度的非国有经济投资比重指标显著为负。使用两种预算指标进行回归,非国有经济投资比重指标的回归系数分

别为 - 0.023 以及 - 0.021，回归结果在 10% 的显著水平下显著。检验结果表示在样本区间内（1986—2012 年），计划经济向市场经济的转化过程中，由本身引发的通货膨胀并非中国通货膨胀的主要原因。现实情况是，中国的通货膨胀受市场经济本身的需求或者供给的影响非常小，主要是非市场性因素带来的影响，而在这些非市场因素中较为重要的因素前文已经提到过，即地方政府的投资过度以及顺周期的财政支出模式。

（4）价格波动的滞后性非常明显，动态截面数据的实证结果显示一阶滞后的价格变量在 5% 显著性水平下显著为正。必须注意，本章的指标构造也许是导致这种显著滞后效应的原因，因为价格波动指标是用以往三年通货膨胀率的标准差，这就使指标本身的关联性大大加强。此外，本章构建的货币供给量指标对当地通货膨胀影响的回归系数与假说相符，物价水平随着货币供给的增多而攀升，但是回归结果不显著。这并不能说明货币供给对区域经济波动就不存在影响，类似地，出现这样的结果也许是指标构建的不恰当，在样本区间内（1986—2012 年），城镇储蓄存款指标一直都在稳定增长，几乎不存在周期性，这能够说明用储蓄存款充当地方货币供给量的替代性指标的效果不太理想。

二　产出波动实证结果及其分析

为研究产出波动的影响因素，表 6 - 2 分别列出了方程（6 - 4）中四个模型的回归结果，实际操作时仍然控制了所有的时间虚拟变量，并且用 $\sigma^y_{i,t-1}$ 的滞后项和差分滞后项充当它本身的工具变量。Sargan 的研究结果说明工具变量是有效的。与价格波动类似，所有的时间虚拟变量的 F 检验都显示其在 1% 的显著性水平下显著。

通过分析回归模型Ⅲ、模型Ⅳ以及如表 6 - 2 所示的回归结果，得出以下结论：

表 6 - 2　　　　　　　产出波动的 SYS – GMM 的计量结果

被解释变量：产出波动	模型 I	模型 II	模型 III	模型 IV
滞后价格水平 $\sigma^{\gamma}_{i,t-1}$	0.8259 *** (7.42)	0.7361 ** (6.51)	0.77212 *** (7.12)	0.6921 *** (5.29)
预算内财政支出 $fd_{i,t}$	0.2321 ** (1.87)		0.1075 * (1.80)	
预算外财政支出 $fd_{i,t}$		0.4021 *** (5.12)		0.3347 ** (2.17)
货币供给 m_t			0.2061 (1.13)	0.2432 (1.27)
市场化程度 $mar_{i,t}$			- 0.0234 ** (- 2.00)	- 0.0501 * (- 1.69)
常数项	0.0021 *** (3.32)	0.0417 *** (3.54)	0.0083 (3.01)	0.0059 *** (2.51)
全套时间虚拟变量	0.000 ***	0.000 ***	0.000 ***	0.000 ***
Sargan 检验	0.11	0.24	0.16	0.19
样本量	690	690	690	690

注：括号内是 t 统计量；＊＊＊、＊＊、＊分别表示系数在 1%、5%、10% 的水平下显著。

（1）地方财政支出加剧了地区的产出波动。表 6 - 2 显示预算内财政支出比每上升一个单位就会引发产出波动提高 0.10 个单位，此回归系数在 10% 的水平下显著为正；与此类似，预算外财政支出的上升对当地价格水平的波动的估计系数在 10% 水平下仍然显著。该结论进一步证实不管是预算内还是预算外的财政支出，都大大加剧了地区的经济波动。尽管对地方政府官员的财政收入以及政治晋升都是为了激励官员发展地方经济，但是过度投资和经济干预的结果却与初衷相悖，最后导致经济的周期性循环。

（2）预算外支出对产出波动的影响相较预算内财政支出对其的影响更加重大。预算外的估计系数为 0.3347，与预算内的 0.1075 相比，预算外支出对经济波动的影响是预算外的三倍多。二者都在

10%的水平下显著。本书在前文已经说明，不同类型的财政支出对经济波动的影响具有系统性差异，因为预算内支出是地方政府的"保底支出"，其支出弹性低，所以与经济波动的同步性不强，而预算外支出是地方政府的"额外支出"，所以预算外收支的顺周期性明显得多，又因为预算外支出"约束更软"，于是导致预算外财政支出的效率更低，对地方经济波动的影响更大。

（3）市场化指标的估计系数分别为 -0.023 和 -0.056，回归系数在10%水平下显著为负，和表6-1的结论类似。回归结果说明：富有活力的民营企业越多地参与经济活动，地方政府的投资越多，经济波动越小，宏观经济的发展越稳健。类似地，货币供给的变化对经济波动的影响仍然不显著的原因也许是构建的替代指标不恰当。

第四节　本章小结

本章首先从理论上分析了在财政分权背景下，地方财政收入激励以及政治晋升激励对政府投资行为的影响，然后实证检验了不同性质的财政支出类型对宏观经济波动的差异性影响。本章的基本结论为：地方政府在财政激励以及政治晋升的双重激励下，借助地方的财政权力进行激烈的竞争。地方政府的博弈使地方政府的现有投资远高于最优投资，投资膨胀的现象愈演愈烈。分权产生的竞争带来的并非是良性循环，与此相悖，过度竞争使地方政府过度地干预经济，受政治晋升的激励，地区的投资规模迅速扩张。地方政府的预期以及中央政府的调控使过热的宏观经济"硬着陆"，投资膨胀又随之而来，继而是新一轮的宏观调控和新一轮的经济"硬着陆"，宏观经济就如此地循环往复。以上逻辑是财政分权政策下经济周期性波动的微观基础。本章使用1986—2012年的省级截面数据以及动态截面数据的研究方法进行了实证检验。本章的基本结论如下：

（1）地方政府的财政支出是区域宏观经济波动的主要动力。财政支出增加使宏观经济的波幅变大。把财政收入分解为预算内财政支出以及预算外财政支出后分别进行回归，计量结果说明预算外支出对区域经济周期性波动的影响远远大于预算内支出。并且不管是采用价格波动或是采用产出波动充当宏观经济波动的具体指标，计量结果总是稳健性的。该基本结论的政策启示为：加强对地方政府财政支出规模的限制，减弱地方政府的投资激情，平衡地方政府的预算内外收支，是缓解中国宏观经济波动剧烈的重要措施之一。

（2）市场化并非经济的周期性波动的主要原因，传统研究强调市场经济本身导致了经济波动，但本章的研究结果却与此相反：减缓经济的周期性波动的最重要举措就是增强市场经济的活力。中国宏观经济的周期性波动并非是市场化本身导致的；相反，是市场化改革不完全导致的。其中，加强对地方政府行为的监管力度，鼓励富有活力的民营企业参与经济活动，是减缓中国宏观经济周期性波动的重要举措。

第七章 财政分权、政治晋升与
区域发展差距

分权不但可以促进经济增长，还导致了区域经济波动，这不仅仅来源于政府支出在供给和需求上的非对称影响，还来源于分权导致地方投资规模的膨胀和对地方政府官员的激励扭曲。本章中我们将对上述的激励扭曲做进一步分析，从而探索财政分权可能的效率损失。

本章中我们将重点探讨财政分权的直接效率损失——竞争效率损失，即财政分权与政治晋升激励相结合对地方政府官员竞争效率的影响，我们的直觉是财政分权可以带来地方政府之间的竞争，但是不同地区的竞争效率或者说竞争激励强度应该存在一定的差别。

本章的基本研究结论是：①财政分权使得不同地区激励强度不一样，最明显的特征就是分权削弱了落后地区竞争效率，出现经济发展过程中落后地区的"破罐子破摔"，具体而言，本章认为财政分权带来的竞争效率依其地区发展程度，呈现倒"U"形规律，或者说效率损失呈现"U"形规律；②由于分权导致落后地区竞争效率损失的增加，直接后果就是经济发展过程的俱乐部收敛现象，落后地区更落后，发达地区更发达。地区收入差距的扩大是本章关于竞争效率损失的直接推论之一。

第一节　引言

一　研究问题

财政分权能够促进区域经济增长吗？分权能够一视同仁地促进不同地区相同程度的经济增长吗？改革开放 30 多年来，中国保持了高速经济增长，在惊呼"中国奇迹"的同时，理论界提出了大量的假说。作为中国改革开放以来重要制度安排之一的财政分权体制，受到了广泛关注。早在 1993 年，许成钢、钱颖一就指出中国经济改革成功的独特之处在于中国经济在组织意义上的"M"形组织特征，调动了作为"块块"部门的地方政府的积极性（Xu and Qian，1993；Xu，Maskin and Qian，2000）。更具体的机制包括通过对地方政府的分权，加上生产要素的自由流动，增加区域之间的竞争，从而限制地方政府的预算软约束行为（Qian，Roland，1998）。但是分权一定可以规范地方政府行为吗？同样是财政分权，中国和俄罗斯的经济绩效表现迥异，缺少强有力的中央对地方政府的控制，分权并不必然会促进地方政府之间的竞争。中国式分权成功的关键在于强有力的中央政府对地方政府的控制力（Blanchard，Shleifer，2001），尤其是政治体制上官员晋升制度（周黎安，2007）。在地方政府官员的晋升主要取决于以 GDP 为主的考核机制下，经济绩效好的地区政府官员晋升较快，任期较长；反之则较短（Li，Zhou，2005），这种垂直的行政管理制度构成了区域经济竞争的动力，或特殊的"为增长而竞争"的发展路径（张军，2008）。但是蔡洪滨（Cai，2005）指出分权促进竞争的区域同质性的假设在现实生活中并不能得到满足，由于初始禀赋结构上的差异使得落后地区根本不可能在竞争中获胜，所以期望通过分权来达到竞争的目标往往不能实现。如果考虑到规模报酬递增的可能性，分权的竞争效应可能会被进一步弱化（陆铭等，2004）。

实证研究并没有统一的结论，争论的分歧主要在分权指标的度量上。张涛、邹衡甫（Zhang，Zou，1998）使用 1978—1992 年的中国省级数据的实证研究，结论并不支持分权促进增长的假说，他们认为分权可能导致具有外部性的政府基础设施方面的公共投资的下降；但是林毅夫、刘志强（Lin，Liu，2000）利用 1970—1993 年的数据获得了不同的结论，后者使用了分成率指标。金和辉、钱颖一等（Jin，Qian，Weingast，2005）利用 1982—1992 年省级数据证实分权调动地方政府的财政激励，从而调动地方政府积极性①。张晏、龚六堂（2006）利用更为完整的数据集，进一步证实财政分权存在跨时差异和地区差异。但是正如周黎安（2007）指出财政分权和政治晋升激励不仅仅存在于中央和省级关系中，还同样存在于省与市、县、乡镇财政关系中，这类似于企业的分包制度，层层分包。所以在本章的研究中，我们将充分利用县级面板数据，将研究从省级层面推进到县市层面，分析地区内省级部门向县市的分权对区域经济增长的影响。

此外，现有的文献过多地关注分权带来的竞争激励，以及由此带来的地区经济发展绩效，但是正如张军（2008）指出，由分权驱动的地方竞争为什么一定是趋好的，而不是趋坏的？竞争就一定会带来增长吗？或进一步追问：当面临竞争压力时，不同的经济主体会采取相同的反应模式吗？如果不是，地方政府的刺激反应模式中又存在什么样的可识别的规律？

与此同时，中国区域经济增长过程表现出明显的"俱乐部收敛"现象，新古典经济增长理论（Solow，R.，1956）预言，由于资本边际产出递减，经济增长过程，落后地区经济增长将高于发达地区的增长，最终实现不同地区收入差距的缩小（Baro，R.，

---

① 他们的文章指出 Zhang、Zou（1998）负向相关可能来源于遗漏变量偏误，见 Jin、Qian、Weingast（2005）注 14。

2005），但是中国区域经济增长过程收入差距并没有缩小，反而在扩大，与此同时，区域内部却表现出一定程度的经济收敛，即落后地区内部，经济增长收敛了。发达地区之间，收敛也实现了，但是落后地区并没有实现对发达地区的追赶（蔡昉、都阳，2000；沈坤荣、马俊，2005；周业安、章泉，2008；潘文卿，2010）。本章中，我们的疑问是，区域之间的俱乐部收敛现象与中国的财政和晋升机制之间是否存在内在的联系。"为增长而竞争"（张军，2008）发展模式是否会导致"因竞争而差距"的结果呢？

二 研究概述

本书认为一些比较落后的地方政府之所以"破罐子破摔"，可能不仅仅由于禀赋结构的差异或经济增长中的规模报酬递增使得落后地区地方官员政治晋升的机会渺茫，从而降低其激励效益的原因。虽然上述原因可以部分解释为什么分权对落后地区刺激较低，但却无法解释为什么分权的增长效应明显地呈现倒"U"形曲线状？本章提出解开"U"形竞争效率损失曲线（或倒"U"形竞争激励曲线）的逻辑在于：财政分权以及政治晋升的锦标赛带来的竞争压力对不同发展水平的地区并不一样：落后地区要实现追赶；发达地区需要保持领先优势；而发展中地区既要避免被落后地区赶超，又希望能够实现对发达地区的跨越，从而兼具两种竞争压力。不同的压力来源进一步诱发地方政府不同的努力水平和不同的效率损失，并进而产生类似"U"形的竞争效率损失曲线。

从动态看，中国地区经济增长将表现出"俱乐部收敛"的态势。其内在逻辑是：由于发展中地区的努力水平相对最高，分权导致落后地区努力水平下降，即落后地区与发展中地区之间的差距越来越大，而发展中地区与发达地区之间的差距越来越小，如果地区收入之间的差距是连续而不是离散，则可以预期，存在一个阈值，高于这个阈值的收入水平的地区将最终进入"发达地区俱乐部"，而低于这个阈值收入水平的地区将进入"落后地区俱乐部"。最终

"三极"的"东中西"区域经济差距演化为东部和内陆"两极"区域差距的态势。

本章的结构安排如下：第二节我们构建一个"地区追赶"模型，理论模型显示：不同经济发展水平的地区可能面临不同的竞争压力，从而导致类似于"U"形的竞争效率损失曲线，曲线的具体形状依赖于政治晋升激励的强度。利用这一模型我们同样解释了为什么区域发展呈现出"俱乐部收敛"现象。第三节我们介绍本章的研究方法，并利用县级面板数据构造了区域分权指标。第四节是本章的实证结果：利用分组估计的结果，我们还证实"U"形竞争效率损失的基本假说。最后是本章的结论部分。

第二节　财政分权与竞争效率：理论模型

一　理论模型

本节将建立一个理论框架：理论模型显示财政分权并不会一视同仁地促进各个地区相同程度的经济增长，这主要源于分权导致的竞争压力下地方政府具有不同的晋升激励强度，从而诱发不同的努力水平，平均而言中等发达地区的分权效果要好于最穷和最富裕的地区，这将使得分权对经济增长的影响依据地区收入水平呈现倒"U"形。

按照经济发展水平可将不同地区归类为：落后地区、发展中地区和发达地区。处于不同发展阶段的地方政府收益显然存在差异：政治晋升的锦标竞赛意味着经济发展最好的地方，地方政府官员收益最高（周黎安，2004；2007），上级政府按照地方经济发展水平决定对下级地方官员的晋升（Li，Zhou，2005），所以本章中我们假设地方政府官员享受的经济和政治的收益依据其经济发展水平而依次递增。如图 7-1 所示，收益的相对差别部分来源于经济发展水平差距导致可支配的财政资源的差距，但更为主要的来源是现有官员的晋升激励和任期长度；此外，在图 7 - 1 中，π_{-1}，π_0，π_1 的相对位置只反映了既定的分权程度，或既定的激励机制的安排。地方政府收益的相对位置，显然会随着不同程度的分权水平而发生变化，在图 7 - 1 中如果固定 π_{-1}，π_1 位置，则 π_0 会随着对地方政府的更大程度的分权或地方政府面临更激烈的竞争而向左移动。由于对地方政府的考核机制是基于相对业绩的锦标制度，GDP 水平名列前茅的地区获得最高的政治收益，"赢家的数量是有限的，而大多数都是输家"（王永钦，2007），此时再区别第二名、第三名的意义已经不大。Aghion 等（2005）在一个不同框架下指出，随着市场竞争的强化，处于中间位置的水平部门收益将会相对下降。所以在本章中，我们将分权以及强调以 GDP 考核来决定政府官员晋升的激励制度的强化模拟为中等地区政治收益 π_0 的相对下降，具体见假设 1 的表述。

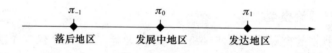

图 7 - 1　地区收益分布

假设 1：财政分权体制下的地方政府收益分别为 π_{-1}，π_0，π_1，且满足 $\pi_{-1} < \pi_0 < \pi_1$，将落后地区和发达地区总的收益差距 $\pi_1 - \pi_{-1}$ 标准化为 1，则 $\pi_1 - \pi_0 = \Delta$，$\pi_0 - \pi_{-1} = 1 - \Delta$，$\Delta \in [0, 1]$，更加严格的分权激励，意味着 $\pi_0 \to \pi_{-1}$ 或 $\Delta \to 1$。

既有的收益格局、制度安排决定经济主体的行为，地方政府的努力水平是对既有收益分配制度的合理反应。设 n_{-1}，n_0，n_1 分别表示不同地方政府的努力水平（$n_i \in (0, 1)$），n_i 取决于其追赶（Catch - up）上一级别对手收益增加（或被追上的收益损失），追上的概率（或被追上的概率）以及追赶的成本 $c(n_i)$。具体而言：

对落后地区而言，努力水平 n_{-1} 取决于追上对手的收益、可能性和相应的成本，如果 π_0 与 π_{-1} 之间差距较小，而追赶的成本较高，落后地区可能更愿意保持现状而不是参加竞赛；对于发展中地区而言，分权带来的竞争压力既包括对"领头羊"的追赶，还包括保持优势从而不被追随者追上；对于发达地区，由于其本身已经处于领先地位，所以压力主要来源于不被追随者追上。我们还假设一旦领先者被追随者追上，那么他将失去领先的地位，并只能获得 π_0 的收益；根据图 7-1 和上面的分析，可以建立地方政府在分权体制下的期望收益方程：

$$\begin{cases} V_{-1} = (1-p_{-1})\pi_{-1} + p_{-1}\pi_0 - c(n_{-1}) \\ V_0 = p_{-1}\pi_{-1} + (p_1-p_{-1})\pi_0 + (1-p_1)\pi_1 - c(n_0) \\ V_1 = (1-p_1)\pi_0 + p_1\pi_1 - c(n_1) \end{cases} \quad (7-1)$$

式（7-1）中，V_{-1}，V_0，V_1 分别表示落后地区、发展中地区、发达地区地方政府的预期收益，我们假设地方政府为风险中性者。p_{-1} 表示落后地区追上发展中地区的可能性，没有追上的概率为 $1-p_{-1}$，所以落后地区的期望收益 $V_{-1} = (1-p_{-1})\pi_{-1} + p_{-1}\pi_0 - c(n_{-1})$，$c(n_{-1})$ 表示追赶的成本函数；p_1 表示发达地区保持领先地位的概率，被追上的概率为 $1-p_1$，被追赶上后的收益下降为 π_0，所以发达地区地方政府期望收益 $V_1 = (1-p_1)\pi_0 + p_1\pi_1 - c(n_1)$；发展中地区在竞争中可能存在三种可能性：①被追上，概率为 p_{-1}；②追上发达地区，概率为 $1-p_1$；③保持现状，概率为 p_1-p_{-1}，所以发展中地区政府期望收益 $V_0 = p_{-1}\pi_{-1} + (p_1-p_{-1})\pi_0 + (1-p_1)\pi_1 - c(n_0)$。为进一步分析，我们引入假设2。

假设2：落后地区实现追赶的概率 $p_{-1} = p_{-1}(n_{-1}, n_0)$ 和发达地区保持现状的概率函数 $p_1 = p_1(n_1, n_0)$ 以及努力成本 $c(n_i)$ 是连续可微函数，并满足 $\partial p_{-1}/\partial n_{-1} > 0$，$\partial p_{-1}/\partial n_0 < 0$；$\partial p_1/\partial n_1 > 0$，$\partial p_1/\partial n_0 < 0$；$\partial c/\partial n_i > 0$，$\partial^2 p_{-1}/\partial n_i^2 > 0$。

为了简化起见，取 $p_{-1} = 1 - e^{-n_{-1}/n_0}$，$p_1 = 1 - e^{-n_1/n_0}$，$c(n_i) =$

$n_i^2/2$，分别对式（6-1）中的期望收益求偏导数，$\partial V_i/\partial n_i = 0$；$i = -1$，$0$，$1$，整理得：

$$\begin{cases} n_0 n_{-1} e^{\frac{n_{-1}}{n_0}} = 1 - \Delta \\ n_0 n_1 e^{\frac{n_1}{n_0}} = \Delta \\ n_{-1}^2 + n_1^2 = n_0^2 \end{cases} \tag{7-2}$$

式（7-2）有三个方程和三个未知数，可以分别解出不同地区地方官员的努力水平。

二 基本假说

事实上，由于本章中我们只对地方政府的相对努力程度感兴趣，即只需要考察 n_{-1}，n_0，n_1 的相对大小及其变化，所以可以将 n_0 标准化为 1，从而直接比较 n_{-1}，n_1 与 1 之间的相对大小，将 n_0 标准化为 1 后，获得如下两个基本假说[①]：

假说 1：在分权框架下，为了实现对上一级别的追赶和担心被下一级别赶超，发展中地区的努力程度最高。依地区发展水平对努力水平描图，则分权带来的竞争强度曲线呈现倒 "U" 形。

证明：根据 $n_{-1}^2 + n_1^2 = n_0^2$ 可知 $n_{-1} \leq n_0$；$n_1 \leq n_0$，所以发展中地区努力程度最高。其他两类地区努力程度相对较低。

假说 2：落后地区和发达地区的努力程度依赖于相对收益差距 Δ，随着 Δ 的增加，发达地区地方政府的努力程度 n_1 提高，落后地区地方政府努力程度 n_{-1} 下降。即随着地区差距 Δ 的扩大，意味着落后地区分权的竞争效率损失增加。

证明：将 n_0 标准化为 1，对式（7-2）上面两个等式两边取对数，可得：

$$\begin{cases} \ln n_{-1} + n_{-1} = \ln(1 - \Delta) \\ \ln n_1 + n_1 = \ln \Delta \end{cases} \tag{7-3}$$

---

① 也可以取概率 $p_{-1} = n_{-1} - n_0$，$p_1 = n_1 - n_0$，解得：$n_{-1} = 1 - \Delta$，$n_0 = 1$，$n_1 = \Delta$，性质 1、性质 2 得证。

利用关系式 $\ln x \approx x-1$，则有：$n_1 = \Delta/2$，$n_{-1} = (1-\Delta)/2$[①]，则假说 2 得证。如果不对式（7-3）进行近似，同样可以证明假说 2。由于 n_1 和 $\ln n_1$ 都是递增函数，随着收益差距 Δ 的扩大，$\ln\Delta$ 变大，要使 $\ln n_1 + n_1 = \ln\Delta$ 等式成立，则发达地区努力程度增加；同理，随着收益差距 Δ 的扩大，落后地区努力程度 n_{-1} 下降，因为 Δ 增加，意味着落后地区和发展中地区差距更大，更大的差距，更小的追赶希望，更低的财政和政治晋升激励，更大的竞争效率损失，最终导致落后地区陷入"破罐子破摔"的恶性循环，而发达地区被诱导出更大的努力水平。

可以看出，发展中地区的努力程度相对最高，其面临的地区竞争压力也最大，这主要来源于一方面要担心被追随者赶超；另一方面又要实现追赶领先者的目标，即相对落后地区和发达地区而言，发展中地区面临着"追赶"和"不被赶超"双重竞争激励；相反对落后地区和发达地区而言，仅仅需要实现追赶的目标或保住自己的领先优势就行，所以相应的努力水平也相对较低。尤其是落后地区，竞争实际上对他并没有太大意义，他已经是最后一名了。

竞争压力的不同来源导致面对竞争时的不同刺激反应。如果按照地区发展水平进行描图，努力水平正好呈现倒"U"形的轨迹。倒"U"形的轨迹下的不同地区不同努力水平的结论并不需要初始的禀赋水平（Cai，2005）或规模报酬递增（陆铭等，2004）等特殊的假设条件；动态而言，如果我们强化现有的激励机制，例如现有的以 GDP 发展水平对地方官员进行考核、晋升，那么对于落后地区而言，再多努力虽然可以获得政治的晋升，但是由此带来的政治收益的增加却非常有限（$1-\Delta\to 0$），理性的选择是减少努力水平。

实际上，根据假说 1 和假说 2，我们可以直接获得如下推论：

推论：分权体制下，由于竞争效率损失的差别性影响，在一个动态的经济中，将导致区域收入差距从三极向两极演化。最终导致

[①]　由于使用近似，所以 $n_{-1}^2 + n_1^2$ 并不严格等于 1。

经济区域经济增长的"俱乐部收敛现象"。

基本推理如下，无论初始的差距 Δ 如何，因为发展中地区的竞争效率损失最低，发达和落后地区竞争效率损失相对较大。给定其他条件不变，发展中地区努力程度最高，所以随着时间的推移，发展中地区与发达地区的差距将逐步缩小，即 Δ→0，根据假说 2 的内容，Δ→0 意味着落后地区努力水平的下降！因为 1 - Δ→1，落后地区与发展中地区的差距越来越大，最终在动态竞争过程中，区域经济将会从三极转变成两极，即收入差距扩大。

假设地区收入之间的差距是联系而不是离散的，则可以预期，存在一个阈值，高于这个阈值的收入水平的地区将最终进入"发达地区俱乐部"，而低于这个阈值收入水平的地区将进入"落后地区俱乐部"。

第三节　计量方法与数据说明

一　计量方法选择

为识别分权对辖区经济增长的影响模式，本章利用 2004—2012 年 1997 个截面的县级面板数据，主要完成以下两个问题的研究。其一，检验分权的总体效应；其二，在完成问题一的分析上，进一步按照各地收入水平对地区分类，以此来研究财政分权的组别效应，计量回归方程如下：

$$rate_{it} = \beta fd_{it} + \Theta X_{it} + \mu_i + \varepsilon_{it} \qquad (7-4)$$

在式（7 - 4）中，$rate_{it}$ 为第 i 县 t 时的经济增长率，fd 即分权指标，X 为其他控制变量，μ_i 为各地区的固定效应，包括气候条件与地理禀赋、政策优惠等。为避免 μ_i 与解释变量相关所导致的内生性问题，本章通过固定效应估计和工具变量估计法予以克服，本章选用各变量的一阶滞后变量作为其自身的工具变量。

二　财政分权指标衡量与数据来源说明

实证研究中主要通过两类指标刻画财政分权程度：第一类是分成率指标；第二类是采用地方财政收入（支出）占中央总财政收入（财政支出）的相对比重。然而，财政分权是一种财政体制，这种制度的实施将会影响到上级对下级的激励机制，并进一步对地方政府的经济行为产生约束作用，要想对其进行指标化的刻画是有困难的，现有被广泛使用的两类指标并非刻画得尽善尽美，都存在值得商榷的地方。本章之所以采用第二类指标进行度量，主要还是出于区县数据可得性的考虑，同理，分权指标的刻画中仅涉及预算内收支的数据，不涉及预算外及转移支付数据（张晏、龚六堂，2006），借鉴 Zhang（1998）的研究，我们分别从收入支出的角度构建指标量化分权程度。

收入指标：收入方面，本章主要从县级单位的角度衡量分权，分别为 fd_{si} 和 fd_{ci}，fd_{si} 为在县生产总值的基础上，县财政收入的占比，该指标有效刻画了在现有的收入下，地方对其财政的支配能力；fd_{ci} 则为县级财政收入在全省财政收入中的比重除以该县 GDP 在全省 GDP 的比重①。

支出指标：与收入指标类似，为了消除地方经济规模的影响，我们构建了 fd_{se} 和 fd_{ce} 这两大指标，前者定义为县财政支出比县生产总值；fd_{ce} 则为县级财政支出在全省财政支出中的比重除以该县 GDP 在全省 GDP 的比重。

控制变量 X 包括：①资本积累：因为县级资本存量数据不可得，在这里，我们用固定资产投资增长率作为其量化指标。②劳动

---

① Lin（2000）的研究指出，以省财政收入（支出）比上全国财政收入（支出）作为省的财政分权指标是不合理的，因为当地财政收入比上全省财政收入的比重会受到经济发展规模的影响，并不能真实反映当地的财政分权程度。该批评同样适用于县级数据，所以本章用财政收入在全省的相对位置比上当地经济收入水平在全省的相对位置，借此消除地区经济规模的影响。

力：由于农村地区存在大量过剩劳动力，故本章使用城镇就业人口增长率刻画劳动力的增长。③地理特征：区域经济增长受制于地理禀赋条件的制约，本章用可耕地面积占土地总面积之比控制地理禀赋的效应。④城镇化：城镇化比重与经济增长率之间存在正向关系，本章通过加入城镇与农村人口的比值来达到对城镇化的控制。

本章使用县级面板数据。数据区间为 2004—2012 年，计 1997个截面，共 17973 个观察值。数据来源于历年《中国区域经济统计年鉴》以及《中国县（市）社会经济统计概要》，考虑到直辖市的各个指标显著高于其他地区，本章在实证中剔除了直辖市样本。

第四节 实证结果及其解释

一 分权效应的实证结果

表 7 - 1 列示了式（7 - 3）四个分权指标下的基本回归结果，采用工具变量法克服内生性问题。为了进一步刻画分权对辖区经济增长的后续影响，本章进一步在回归中加入了四个分权指标的一阶和二阶滞后平均值。在本章构建的四个分权指标中，分权的系数均在 1% 的水平上显著异于零，支持了区域内部分权的正向经济增长效应。由于本章选用的这四个指标反映了分权的不同侧面，所以四个估计系数本身并不可比。在表 7 - 1 中，每一种分权指标下，我们均利用组内去平均与一阶差分的方法估计其固定效应。从表 7 - 1 可以看出，不管采用何种方法，估计结果均没有发生显著的变化，说明实证结果是相对稳健的。

值得关注的是，一个地区的资本投资增长率越快，其经济增长率也相对越快，但与此同时，劳动力就业系数却显著为负，这说明我国现阶段的区域经济增长仍表现出"投资驱动"的典型特征，经济增长并没有带动就业水平的相对增加。其他控制变量的符号及显著性也与直觉一致。

表 7 - 1 县级面板数据回归结果

解释变量	(1)		(2)		(3)		(4)	
	FE	FD	FE	FD	FE	FD	FE	FD
fd_{si}	31.34***	32.29***						
	(10.77)	(10.23)						
fd_{ci}			1.95***	2.03***				
			(11.55)	(10.15)				
fd_{se}					9.27***	9.16***		
					(13.14)	(4.81)		
fd_{ce}							1.47***	1.47***
							(11.02)	(12.75)
$capi$	0.14***	0.12***	0.11***	0.13***	0.12***	0.12***	0.12***	0.12***
	(4.31)	(5.47)	(6.79)	(5.12)	(5.46)	(4.21)	(5.33)	(6.17)
$empl$	-0.085*	-0.091*	-0.089*	-0.094*	-0.071	-0.082	-0.083*	-0.086*
	(-1.64)	(-1.70)	(-1.73)	(-1.79)	(-1.40)	(-1.42)	(-1.73)	(-1.78)
$area$	0.55***	0.56***	0.55***	0.56***	0.56***	0.56***	0.56***	0.56***
	(5.23)	(4.07)	(5.88)	(3.96)	(5.47)	(4.74)	(5.50)	(5.74)
$city$	0.26**	0.26**	0.28**	0.28**	0.26**	0.27**	0.29**	0.29**
	(2.26)	(2.16)	(2.50)	(2.75)	(2.47)	(2.33)	(3.04)	(3.18)
$cons$	-1.23***	0.11**	-1.15***	0.12***	-1.34***	0.04	-1.46***	0.011***
	(-10.02)	(2.17)	(-8.47)	(3.39)	(-10.27)	(1.08)	(-10.37)	(4.75)
Wald	741.21	311.73	703.44	326.41	944.54	433.10	852.41	377.25
Hausman	472.11		363.24		1401.29		770.45	
N	5866	2723	5864	2724	5868	2728	5866	2726

注：***、**、*分别表示在1%、5%、10%的水平下显著；括号内为 z 统计量。FE 表示利用组内去平均的方法估计其固定效应的估计量；FD 表示利用一阶差分的方法估计其固定效应的估计量。下同。

二 倒 "U" 形曲线及其解读

表 7 - 1 检验了分权的总体效应，分权对辖区经济增长的影响显

著为正。那么，随着收入水平的变化，分权对辖区经济增长的效应是否会表现出不同的特征？基于这一思路，本节将进一步根据收入水平进行分组检验。考虑到分权指标（fd）与其平方项的相关度高达 0.95，故本章采取分收入组而非加入平方项的方式检验其系统性特征。利用人均收入①，将总体样本分为高中低收入三类，在此基础上，利用与总体效应相同的估计方程，检验每个子样本的分权效果。表 7 - 2 和表 7 - 3 给出了三类子样本的估计值。从表中可以发现，各类子样本下，分权对经济增长的影响与分权的总体效应基本保持一致，仍然呈正向影响。表中仅仅低收入类的关键解释变量不显著，其他均在 10% 的水平上异于零。"低收入组"分权系数不显著与本章的逻辑线索一致，进一步验证了落后地区"破罐子破摔"的恶性循环。

表 7 - 2　　　　　　　　　　收入指标分组回归结果

解释变量	(1)			(2)		
	低收入组	中收入组	高收入组	低收入组	中收入组	高收入组
fd_{si}	5.27***	44.38***	30.24***			
	(2.37)	(6.65)	(11.12)			
fd_{ci}				0.257*	2.87***	2.21***
				(1.67)	(7.63)	(10.54)
$inves$	0.030***	0.147***	0.142***	0.0371***	0.131***	0.150***
	(3.21)	(5.87)	(9.63)	(2.97)	(5.34)	(11.75)
$empl$	-0.0002	-0.046	-0.0181	-0.0000	-0.047***	-0.012
	(-0.04)	(-0.31)	(-1.33)	(-0.02)	(-3.47)	(-0.81)
$area$	0.043***	0.0047***	0.0062***	0.042***	0.0054***	0.0062***
	(9.34)	(3.40)	(3.48)	(10.96)	(3.27)	(3.71)
$city$	-0.262***	0.021	0.147***	-0.257***	0.049	0.161***
	(-3.06)	(0.47)	(3.22)	(-2.91)	(0.67)	(2.74)

———————————

① 人均收入为 2005 年各县人均国内生产总值。

续表

解释变量	(1)			(2)		
	低收入组	中收入组	高收入组	低收入组	中收入组	高收入组
$cons$	− 0.647 ***	− 1.531 ***	− 1.748 **	− 0.684 ***	− 1.591 ***	− 1.876 ***
	(− 5.17)	(− 6.73)	(− 11.14)	(− 5.04)	(− 5.71)	(− 9.63)
F	27.44	32.18	77.45	30.02	23.78	66.74
N	2096	2248	1940	2096	2248	1938

注：***、**、*分别表示在1%、5%、10%的水平下显著；括号内为 z 统计量。FE 表示利用组内去平均的方法估计其固定效应的估计量；FD 表示利用一阶差分的方法估计其固定效应的估计量。

表 7 – 3　　　　　　　　支出指标分组回归结果

解释变量	(3)			(4)		
	低收入组	中收入组	高收入组	低收入组	中收入组	高收入组
fd_{se}	0.35	17.74 ***	11.72 ***			
	(0.28)	(7.31)	(16.33)			
fd_{ce}				0.041	3.41 ***	2.12 ***
				(0.12)	(11.70)	(17.44)
$inves$	0.031 ***	0.110 ***	0.127 ***	0.030 ***	0.112 ***	0.120 ***
	(3.01)	(5.21)	(10.41)	(2.62)	(5.33)	(9.07)
$empl$	− 0.000	− 0.040 ***	− 0.014	− 0.000	− 0.040 ***	− 0.010
	(− 0.02)	(− 2.74)	(− 0.34)	(− 0.06)	(− 2.93)	(− 0.77)
$area$	0.042 ***	0.0050 ***	0.0063 ***	0.041 ***	0.0044 ***	0.007 ***
	(10.31)	(3.27)	(3.44)	(10.77)	(3.22)	(3.74)
$city$	− 0.251 ***	− 0.131	0.182 ***	− 0.247 ***	− 0.133	0.168 ***
	(− 3.41)	(− 1.41)	(4.50)	(− 3.07)	(− 1.33)	(4.71)
$cons$	− 0.547 ***	− 2.421 ***	− 1.114 ***	− 0.610 ***	− 2.77 ***	− 1.54 ***
	(− 4.37)	(− 8.74)	(− 11.04)	(− 3.21)	(− 11.07)	(− 13.22)
F	30.24	34.31	120.85	40.27	88.27	146.95
N	2096	2248	1942	2096	2248	1940

注：***、**、*分别表示在1%、5%、10%的水平下显著；FE 表示利用组内去平均的方法估计其固定效应的估计量；FD 表示利用一阶差分的方法估计其固定效应的估计量。

我们可以从表7-2和表7-3中得到以下两点结论：

（1）分收入组回归的结果支持了分权在不同收入组之间倒"U"形的增长特征。从估计系数的大小和显著性来看，分权对不同类别的收入组有不同的促进效果，对中等收入类的县市效果最大；而对低收入类的县市，分权的促进效果明显有所削弱，从统计检验的角度上，甚至某些指标的显著性不再满足。从估计系数的总体表现来看，如图7-2（根据表7-2和表7-3估计结果绘制）所示，分权的增长效应随收入水平变化呈现出倒"U"形的特征。结合理论模型的分析，经济差异化的地区也将面临差异化的竞争压力，在面临竞争压力时又将使得各地区发挥出不同的努力程度。由于处于中等收入类的地区将面临双重压力，一方面，需要防止低收入类的超越，另一方面，希望实现对高收入地区的赶超，所以该类将面临最大的竞争压力。而高收入地区仅面临避免被中等收入地区赶超的竞争压力，同理，低收入地区仅面临追赶中等收入地区的竞争压力。由此，分权的增长效应将会自然地呈现出倒"U"形的特征。

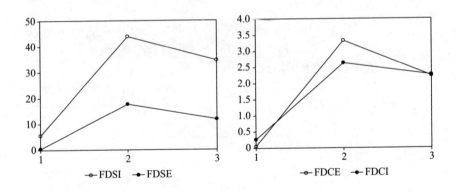

图7-2 分权效应的组别效应

注：根据表7-2、表7-3的组别估计结果所绘制。

（2）规模报酬递增假说不能完全解释倒"U"形的特征，不同地区面临的不同竞争压力才是"倒'U'形曲线"的内在动因。在本章的实证结果中，资本并没有表现出边际产出递减的规律，反而呈现出与经济发展水平同向增长的趋势。图 7 - 2 直观地呈现了这一结论，即发达地区的投资效率远远高于落后地区，这与资本边际产出递减规律相悖。陆铭等（2004）的研究在一定程度上可以用以解释这个问题，在发达地区，在规模报酬规律的基础上，给定相同的投入将使得这些地区得到的经济增长更多，因此又一次使得区域经济在差异化上得以强化，落后地区预期到自身无法实现赶超（在本章中表现为 p_{-1} 较低）发展中地区，可能会做出放弃追赶或减少努力程度的选择，转而追求其他方面的收益。但如果规模报酬递增真的存在，按收入组划分的分权效应曲线也应该呈现出增长趋势，而非我们观察到的倒 "U" 形曲线。然而，这样的曲线形正好表明：在分权激励程度上，发展中地区高于发达地区的问题，仅仅利用规模报酬递增规律是无法对其做出合理解释的。该问题背后的实质在于面临双重压力的发展中地区，在压力的激励下将发挥出更高水平的努力。

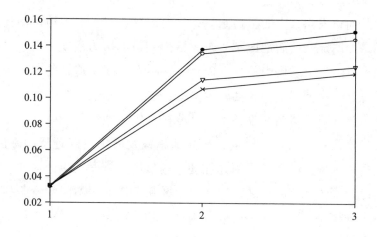

图 7 - 3 投资效应的组别效应

注：1，2，3 上方的点分别表示落后地区、发展中地区、发达地区的投资效益。具体数字来源表 7 - 2、表 7 - 3 中 inves 一行估计系数。

第五节　本章小结

本章的研究主要从两个问题着手：其一，分权的总体效应，即其是否能给经济增长带来促进作用？其二，在分权存在总体效应的基础上，针对经济差异化的地区，这种促进效应是一致的吗？为回答以上两个问题，本章首先构造了不同经济发展水平地区间地方政府"相互赶超"的理论模型。研究发现，财政分权与GDP导向的绩效考核锦标赛制度对不同发展水平的地方政府有着截然不同的激励作用，从而诱致出不同的经济绩效。具体而言，分权的增长效应随着收入水平的变化呈现出倒"U"形的特征。与之对应的是，分权的竞争效率损失则表现为"U"形曲线。

从静态的角度看，由于发展中地区同时面临两个方面的双重竞争压力，一方面，发展中地区要实现对发达地区的追赶；另一方面，发展中地区还要保持自身的竞争优势，避免被落后地区所赶上，从而诱发出最大的努力水平，这使得分权对发展中地区的促进作用最为明显。落后地区则表现出截然相反的努力程度，由于他们往往很难追赶上发展中地区，而且在锦标赛竞争中追赶的收益十分有限，这就会使得他们主动减少努力水平，"破罐子破摔"，将更多的精力放在寻求体制外收益上去。分权对发达地区的激励作用居于发展中地区和落后地区之间，虽然面临被发展中地区赶超的威胁，但发达地区毕竟已经掌握领先优势，竞争压力较发展中地区要小得多。综上所述，落后地区、发展中地区和发达地区不同的竞争压力塑造了分权在地区间的不同效率损失。相对而言，发展中地区的竞争效率损失最低，而落后地区的效率损失最高。

更重要的是，如果从动态的角度看，上述竞争效率损失也将进一步扩大地区间的收入差距。其内在逻辑在于：落后地区的竞争效率损失最大，而发展中地区的竞争效率损失最小，这意味着从长期看，发展中地区与发达地区的收入差距会逐渐缩小，而落后地区与发展中地区的收入差距将持续扩大，最终会导致我国的区域差距分布从"东中西"三极分化逐步演化为"沿海与内陆"的两极分化。

本章的基本结论是：财政分权的政策效果是一把"双刃剑"，分权在引导地方竞争、改善辖区经济绩效的同时也扩大了辖区间的收入差距。本章认为，关于分权与集权的讨论离不开地方竞争，否则探讨实行什么程度的分权是毫无意义的；财政分权本身与经济增长并无必然关联，竞争也不意味着一视同仁的经济增长。据此，制度设计的重点就应该是如何引导充分发挥竞争的促进效应，减少竞争的效率损失。制度设计的关键是制定考核的指标、考核的方式以及谁来考核，这是竞争的风向标。

第八章　财政分权、城市规模与区域经济增长

上一章中，我们强调因为财政分权带来的晋升激励，导致不同地区发展经济的激励强度不一，从而导致地区发展差距表现为明显的倒"U"形模式。本章中，我们在此基础上进一步深入分析地区收入差距扩大的内在机制。本章中我们基于新政治经济学的视角，研究了财政分权背景下资源的双轨制配置模式，以及这种模式对城市化及省域经济增长的影响。研究发现，双轨制资源配置机制下，省内的资源集聚可能并非源于规模经济的内在要求，而是"为增长而竞争"的激励机制使然。省内的中心城市越是"一股独大"，省域资源配置效率越低，进而也就越不利于全省整体的经济增长；与之相对应，源于规模经济下的资源集聚将改善省内各城市间的经济规模不平衡对全省经济增长的不利影响。本章从分权与竞争的视角，为理解我国城市化进程以及区域发展差距提供了有益的见解。

第一节　引言

改革开放以来，中国经济保持着年均 9.3% 的高速增长①。与此

---

① 该年均增长速度为 1978 年到 2013 年实际经济增长速度（1978 = 100）。数据来源：《新中国六十年统计资料汇编》和历年《中国统计年鉴》。

同时，区域间的经济差距不断扩大①。经济增长过程中，为什么有的省的发展"一枝独秀"，而有的省却"积贫积弱"？为什么"积贫积弱"的省份内部往往有那么一两个"鹤立鸡群"的中心城市，而"一枝独秀"的省份内部的城市则往往是"百花争艳"？换言之，省内的城市经济规模分布及其背后的资源配置方式是如何影响省域整体的经济增长？本章将对上述现象进行分析。

关于中国区域差距的研究，现有文献大多基于新古典经济增长理论的分析框架，识别出了诸如人力资本存量、物质资本存量、基础设施建设、FDI 等影响各个省经济增长的资源要素（Demurger，2001；魏后凯，2002；姚先国和张海峰，2008；刘生龙和胡鞍钢，2010；Fleisher et al.，2010）。简言之，资源要素在省与省之间的分布差异影响着各自的经济增长差异。诚然，上述研究为我们理解省域间的经济差距提供了有价值的洞见。然而，要素的积累是经济增长的结果，而非经济增长的原因（North，1973）。那么，又是什么导致了地区间要素积累的差异呢？本章认为，就如何解释中国省域间的经济差距而言，相比于关注要素在各地区之间的规模分布差异，关注资源要素是在什么样的机制下实现空间上的集聚和分散，显得更为关键。

市场竞争机制之下，资源要素的集聚和分散取决于要素的相对价格。良好运行的价格机制保证了资源要素在空间上有效率的分布。此时，省内个别城市的资源集聚则是规模经济的必然要求。然而，一旦资源配置机制的制度缺陷扭曲了要素的相对价格，那么省内个别城市的资源集聚就并不一定是经济效率的表现。上述视角具有如下意义：①理解省与省之间经济差距的关键在于理解省域内部的资源配置机制，而不仅仅是资源要素的数量；②城市化过程的关键不在于城市做多大，而是这些大城市是在什么样的资源配置机制

---

① 关于中国区域差距的研究，张吉鹏和吴桂英（2004）就此做了翔实的文献综述。尽管随着西部大开发等政策的实施，中国区域间经济差距自 2007 年开始缩小（Fan et al.，2011），但不论从学术研究还是经验事实层面，都不可否认我国区域间的经济发展水平存在较大差距。

下形成的。那些在行政干预、制度扭曲配置资源下形成的"鬼城"是快速城市化过程中必须警惕的现象。

基于上述分析，本章将分别对以下三个问题进行系统探讨：其一，我国现有的资源配置机制是怎样的？其二，在现有的资源配置机制之下，各省内的资源要素规模分布的现状是怎样的？其三，各省内资源要素的规模分布，尤其是首位（省会）城市的规模分布对全省以及省内其他城市的经济增长具有怎样的影响？

本章余下部分的结构安排如下：在第二节中，对相关文献进行梳理，重点分析了现有的资源配置机制以及其所产生的影响；在第三节中，对我国各省内资源分布的特征事实进行了统计分析；在第四节中，分别利用省级和地级市面板数据实证分析了省内的资源要素规模分布特征对全省以及省内其他城市经济增长的影响；最后为本章的研究结论。

第二节 省域经济内部的"双轨制"资源配置机制

计划经济和市场经济的资源配置方式分别是政府再分配机制和市场竞争机制。对于转型经济体而言，资源配置是上述两种机制共同作用的结果（Szelenyi and Kostello，1996）。自20世纪80年代以来，转型经济体普遍进行了分权化改革。地方政府在政治、经济和行政权力上获得了广泛的自主权（Bardhan，2002；Bardhan and Mookherjee，2006）。自此，地方政府开始在地区经济发展中扮演着越来越重要的角色。作为典型的转型经济体，中国也不例外。改革开放以来，中国各地方政府不仅实质上控制着地方的企业、土地、金融、能源和原材料等大量资源，而且拥有制定地方性法规、规章的权力（许成钢，2009）。然而，尽管转型经济体大都进行了分权改革，但有的国家成功了，而有的国家却失败了。因此，中央向地方的分权只是促进经济发展的必要条件（Xu，2011）。区别于其他转型经济体的分权改革，中国的经济增长奇迹则源于分权改革下各地方政府为增长而竞争的激励（王永钦等，2007；张五常，2009；徐现祥等，2011）。

政治集权、经济分权体制（RDA）是激励中国各地方政府竞争的制度基础（Xu，2011）。政治集权之下，中央政府拥有地方政府官员政治晋升的决定权（Landry，2008）。而地方政府官员的政治晋升又取决于其执政期间地方经济发展的平均水平（Li and Zhou，2005；徐现祥等，2007）。因此，地方政府官员具有强烈的意愿促进地方经济增长。经济分权则主要体现在行政性分权改革和分税制改革（Naughton，2007）。行政性分权改革赋予了地方政府管理地方事务的自主权。中央政府下放大量的行政审批权力，并赋予地方政府制定、修改地方性法规、规章的权力。以行政审批权力为例，与东亚国家往往只有一家投资许可部门相比，中国各级地方政府的投资许可部门都有权力对投资项目进行审批。这种分权体制足以调动地方政府为吸引投资而相互竞争（Naughton，2007）。与行政性分权改革为地方政府"松绑"相对应，1994 年的分税制改革则在一定程度上硬化了地方政府的"预算软约束"①。地方政府不得不为平衡财政收支而努力促进地区经济发展（Fan et al.，2011；范子英，2014）。尽管硬化了预算约束，但地方政府拥有了自主支配地方财政资源的能力。并且，作为对分税制改革的补偿，地方政府的预算外收入作为其财政收入的重要来源，并不纳入再分配（Wong，1997；Naughton，2007）。因此，在政治集权、经济分权体制下，地方政府不仅有强烈的意愿促进地方经济发展，而且也具有发展地方经济的能力。

地方政府为增长竞争的机制与市场机制共同构成了中国区域内部的资源配置方式。资源要素在空间上的集聚正是该机制作用下的结果。在市场竞争机制之下，交通运输成本下降、市场规模扩大以及外部性经济是资源在空间上集聚的向心力。然而，伴随着资源的

---

① Xu 和 Yeh（2005）指出，中国各地方政府依然在法律、土地、金融上面临"预算软约束"。

集聚，土地租金的上升、企业间激烈的竞争以及外部性不经济将使得资源向外扩散（Krugman，1991）。在资源集聚的向心力和离心力作用下，发达地区与落后地区的经济差距将经历先扩大后缩小的过程。然而，伴随着中国近几十年来的工业化和城市化，地区间的差距并未缩小（张吉鹏和吴桂英，2004；Kanbur and Zhang，2005；Keng，2006）。大城市的外延式扩张与中小城市的资源匮乏形成鲜明对比。尤其是中西部地区，省会城市与省内其他城市之间的经济差距更为明显（Han and Qin，2005；徐林，2013）。为什么理论上预期的从集聚到平衡的增长过程并未在中国的经济发展实践中如期而至？是因为中国还未达到地区差距与经济发展水平倒"U"形关系的顶点（Combes et al.，2008），还是因为形成省域内资源集聚的配置机制存在制度性缺陷？基于此，本章将关注的视角置于地方政府竞争这一重要的资源配置机制。

与省内其他城市相比，省内中心城市或者发达地区的地方政府主要具有三方面的竞争优势，即财税优势、土地优势以及政策优势。第一，财税优势。前面提到，1994 年的分税制改革使得各个地方政府拥有了自主支配财政资源的能力。然而，分税制改革与不同的地区发展水平相结合产生了不同的效应（Tsui，2005；高鹤，2006；Zhang，2006）。与发达地区相比，落后地区的财政收入通常只能平衡基本公共服务费用，例如教育、医疗等刚性财政支出（Wong，2007）。而中央对地方的转移支付也未能起到缩小落后地区与发达地区财政收入差距的作用[1]。因此，相比于落后地区，发达地区的地方政府能够将盈余的财政收入用于生产性建设投资以改善投资环境，进而吸引资本流入。更为重要的是，面对激烈的竞争，

---

① 研究表明，地区收入水平并非是获得中央财政转移支付的决定性因素（Zhang and Shih，2008）。更为糟糕的是，由于现行的转移支付体制不是规则驱动的转移，所以这种转移具有不当的激励效果。为了继续获得转移支付，地方官员有强烈的动机让上级将自己看成贫困地区，而不是致力于发展经济和改善辖区居民的生活状况（Naughton，2007）。

发达地区的地方政府有足够的意愿和能力为投资者提供政策优惠，甚至是超出法令许可范围的税负或者公共设施使用费的减免（Naughton，2007）。而这些都是建立在发达地区具有更富裕的财政资源之上。尽管，如新古典经济增长理论所言，落后地区的资本边际产出更高，为追逐更高的边际报酬，资本等资源要素将从发达地区向落后地区流动①。然而，现行财税体制并未有效平衡地区间的差距，导致的结果便是资本的要素价格扭曲，生产依然向发达地区或者中心城市集聚。

第二，土地优势。土地租金的上升是促使资源要素由集聚走向扩散的关键条件之一。一般而言，伴随着工业化和城市化的进程，土地租金将持续上升。相比于发达地区，落后地区低廉的土地价格在吸引投资上具有极大的比较优势，从而起到平衡地区发展的作用。但是，中国产权残缺的土地制度安排却使得土地要素的价格机制难以有效发挥调节资源配置的作用②（周其仁，2004）。尽管中国的工业化和城市化起步较晚，但发展速度极快。这意味着，需要将大量的农业用地转为建设用地，即所谓的"农地转用"。由于产权残缺和公共利益的模糊界定使得地方政府能够以较低的成本征用集体土地③。因此，不仅地方政府能够保证土地供应，而且即使是发达地区的地方政府也有足够的空间为工业生产低廉地供应土地

---

① 刘晓光和卢峰（2014）的研究表明，中国资本回报率变化规律与新古典经济增长理论预期相反。

② 产权是一束权利。完整的产权应当包括所有权、转让权和收益权。而中国宪法和土地管理法规定，不论是集体所有土地还是国有土地，使用者只拥有使用权而没有所有权。产权残缺的结果便是"巴泽尔困境"——没主的事情，很多人都会来占便宜。

③《中华人民共和国宪法》第十条规定，国家为了公共利益的需要，可以依照法律规定对土地实行征收或者征用并给予补偿。《中华人民共和国土地管理法》第四十四条规定，原属于农民集体所有的农业土地转建设用地需先由人民政府征收，将原集体所有权变更为国有后，再供建设使用。《中华人民共和国土地管理法》第四十七条规定，被征收土地的土地补偿费和安置补助费的总和不得超过土地被征收前3年平均年产值的30倍。2012年12月24日全国人大审议的土地管理法修正案删除了上述土地管理法第四十七条。尽管在法律层面上这将有利于保障农民的权益和土地的集约使用，但关键还有待于各级地方政府的实际执行。

（Naughton，2007；尹峰和李慧中，2008）。更有甚者，一些发达地区的地方政府动用地方财政补贴地价（Wu and Zhang，2007）。因此，发达地区在与落后地区的竞争中依然能够提供相差无几的土地价格，落后地区原本低廉的土地价格难以发挥比较优势。更为严重的是，普遍过低的工业用地价格使得地方政府难以区分高效率和低效率的企业（尹锋和李慧中，2008）。总之，"低价工业化"的结果便是大城市"摊大饼"式的扩张和资源集中，而中小城市则面临发展空间不断受到挤压和资源匮乏的现状。

第三，政策优势。政策优势既可能来自地方政府所拥有的政治资本（Su and Yang，2000；李明和李慧中，2010），也可能来自城市间的行政级别差异（Ma，2005；Li，2011）。城市行政级别的不同决定了该城市获取资源能力的大小[①]。凭借行政级别的政策优势，上级城市抢占下级城市的资源，中心城市抢占周边区县的资源（Ma，2002；Ma，2005）。与省内其他城市相比，行政级别更高的城市的地方政府在税收优惠、建设用地指标、城市规划[②]、行政审批等方面都具有政策优势（史宇鹏和周黎安，2007；Li，2011）。在经济增长单一目标的考核体制之下，地方政府将会把政策优势全部致力于攫取稀缺性资源，而不论这些资源要素是否与本地区相匹配。更有意思的是，由于中国省域间的市场分割和人为设置的要素

---

① 中国大城市的过度扩张存在体制性的原因。中国的公共资源配置主要是行政主导，城市具有不同的行政级别，这决定了公共资源首先重点配置在首都、直辖市和省会城市等行政等级更高的城市，这些城市构成了中国的"首位城市"，再往下分配的公共资源十分有限，这使中国的"首位城市"更容易得到发展，公共服务设施水平更高，其他城市与首位城市之间的差距不断扩大（徐林等，2013）。

② 城市规划是地方政府发展地方经济重要的政策工具。尤其是一些大城市往往基于官员的个人意志制定并不符合社会发展需要的"概念规划"，以此来挤压中小城市发展空间，同时与其他中心城市相竞争（Xu and Yeh，2005）。更为重要的是，通过审批的城市建设规划具有法律效力，土地管理法中许多涉及土地征收、出让的条款都以城市建设规划为前提条件。例如，《中华人民共和国土地管理法实施条例》第十九条规定，城市和村庄、集镇建设占用土地，涉及农用地转用的，还应当符合城市规划和村庄、集镇规划。不符合规定的，不得批准农用地转为建设用地。这意味着，地方政府制定更大的城市规划是获得更多土地资源的必要条件。

流动障碍（陆铭和陈钊，2009），本书有理由推断，省内的中心城市将会利用政策优势致力于对内"攫取"资源。并且，从地方官员政治晋升博弈的角度来讲，一人所得为另一人所失（周黎安，2007），政府官员也有足够的激励对内"攫取"资源。因此，可以预见：省内的中心城市越是"一股独大"，其他城市越是"积贫积弱"，该城市主政官员政治晋升的可能性也就越大。

财税优势、土地优势和政策优势使得地方政府竞争机制将更多的资源配置于省内中心城市或者发达地区，形成这些城市的"一股独大"、资源集聚现象。然而，省内的资源集聚并非全是资源有效率配置的结果，而更多的是源于"双轨制"资源配置机制下扭曲的资源要素价格，从而形成中心城市的资源集聚。基于上述分析，本章的研究假说归纳如下：

假说1：双轨制资源配置机制下，省内中心城市的资源集聚可能并非源于规模经济的内在要求，而是"为增长而竞争"的行政手段所使然。省内中心城市或者发达地区越是"一股独大"，在某种程度上就是资源配置效率低下的表现，进而也就越不利于全省整体的经济增长。

假说2：双轨制资源配置机制下，源于行政干预、制度缺陷形成的省内资源集聚不利于全省经济增长。但是源于规模经济形成的资源集聚则将改善省内城市之间的经济规模不平衡对全省经济增长的不利影响。

第三节 省内中心城市资源集中的特征事实

基于上述简单的文献评述，市场竞争和地方政府竞争共同构成了中国的资源配置机制。在地方政府竞争中，省内中心城市凭借其财税、土地和政策等制度性优势使得资源在该城市集聚。那么，接下来的问题便是，省内各城市事实上是否存在资源集聚？资源集聚的特征事实是怎样的？省内中心城市的资源集聚与该省整体的经济发展存在怎样的关系？基于上述问题，本节利用历年《中国统计年鉴》《中国城市统计年鉴》以及《中国国土资源统计年鉴》的统计数据，对各省内资源集聚的现状进行了描述。

需要说明的是，我们的分析并不涉及中国大陆全部 31 个省级行政区划单位。主要是基于以下两点：第一，省内各城市的资源集聚现象是本章的分析重点。北京、天津、上海和重庆作为直辖市，在行政设置上并不下辖市一级行政单位。第二，西藏作为省一级行政单位，由于城市级数据缺漏严重，因此在下面的分析中将不包括西藏。这样一来，我们的分析对象便是中国大陆 26 个省级行政单位。

分析对象已经界定，那么，我们如何来刻画各中心城市资源集聚的特征事实？现有文献中，区域或者城市的生产集中程度①是反映地区资源集聚程度的有效指标。就本章而言，如果仅仅从生产集中度来分析，将无法全面地反映中心城市在双轨制资源配置机制下的优势地位。因此，本章还将描述各中心城市在财政收入、新增工业用地面积以及工业用地价格上与省内其他城市之间的差别。

一 财政资源的集中

分税制下，地方政府"自负盈亏"。地方财政收入的规模决定了地方政府运用财政资源的能力，进而决定了地方政府在财税竞争中是否处于优势地位。就 2005 年和 2010 年相比较而言，各省在财政收入上表现出以下特点：第一，就财政收入②规模分布而言，首位城市③"一股独大"，并表现出进一步集中的趋势。平均而言，2010 年首位城市的财政收入占到了全省财政收入的 21%，

---

① 生产集中程度是指该区域或城市的 GDP 占全国或者相应地区 GDP 的百分比。
② 本章分析所用财政收入数据为一般预算内收入。
③ 城市首位度是反映省内资源集聚的空间分布不均衡程度的有效指标。因此，本章使用 GDP 首位城市作为分析对象。

并且表现出财政收入进一步向首位城市集中的趋势（见图 8 - 1）。第二，整体经济发展越是滞后的省份，首位城市财政收入占全省的比例也就越高（见图 8 - 1）。换言之，经济发展相对滞后的省份更多地依靠省内个别中心城市的发展。第三，首位城市与省内其他城市的财政收入差距不断扩大（见图 8 - 1）。为反映省内各城市间的财政收入差距，本章构造了人均财政收入，并取首位城市人均财政收入与省内其他城市人均财政收入的差值[①]。2005 年和 2010 年平均人均财政收入差距分别为 757 元和 1573 元。这表明，财政资源向首位城市集中和省内财政收入差距扩大的趋势相一致。即使抛开预算外收入，省内首位城市在财税竞争中也处于优势地位。

二　土地资源优势

土地是工业化和城市化进程中的关键资源要素之一。土地要素的供给和价格影响着诸如资本等资源要素在空间上的集聚和分散。前面提到，省内中心城市不仅可以提供大量的工业用地，而且能够以与省内其他城市相差无几的土地价格吸引投资。从新增工业用地规模和工业用地价格的数据来看，省内其他城市土地要素的比较优势相比于首位城市而言并不明显。在新增工业用地规模上，平均而言，2010 年首位城市占全省新增工业用地的面积接近 18%（见图 8 -2），并且多数省份显现出增加的趋势[②]。在工业用地价格方面，首位城市与省内其他城市的工业用地价格的确相差无几。甚至个别省份出现首位城市的工业用地价格低于省内其他城市平均工业

---

① 首位城市人均财政收入＝首位城市财政收入/首位城市常住人口；省内其他城市人均财政收入＝（全省财政收入－首位城市财政收入）/（全省常住人口－首位城市常住人口）。

② 具体而言，相比于 2009 年，2010 年首位城市占全省工业新增用地面积下降的省份包括辽宁、黑龙江、江苏、安徽、福建、山东、海南、四川、贵州、宁夏，共 10 个省份。除去黑龙江离群值（50.9%）的影响，平均下降幅度仅为 6.42%。

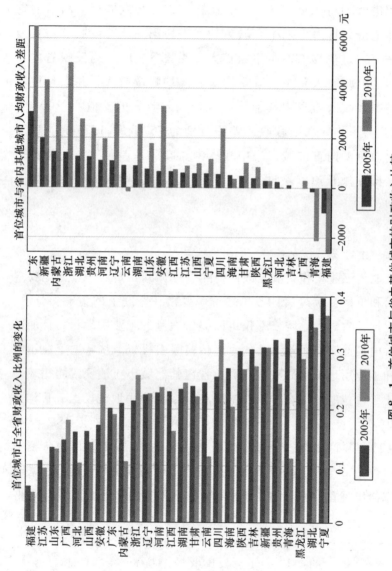

图 8 – 1　首位城市与省内其他城市的财政收入比较

资料来源：2006 年和 2011 年《中国城市统计年鉴》。

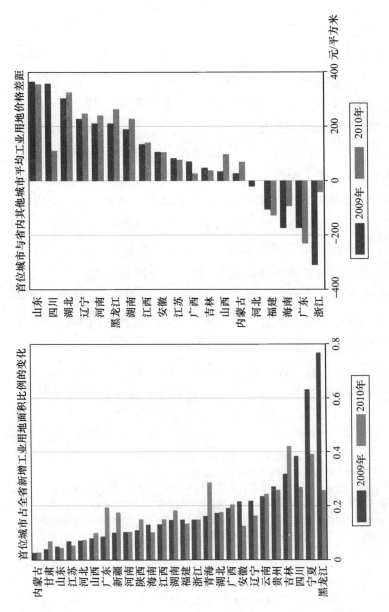

图 8 - 2　首位城市新增工业用地面积和工业用地价格比较

资料来源:2010 年和 2011 年《中国国土资源统计年鉴》。

用地价格的现象①。

三 生产集中：现状、趋势和影响

要素积累是经济增长的结果。因此，生产集中度指标②在某种程度上反映了首位城市所拥有的资源要素占全省的比例。简言之，生产集中程度越高，首位城市的资源要素集聚也就越高。2000—2010年我国各首位城市的生产集中度的变化，其主要表现出以下特征：第一，从时间趋势上看，不论是东、中、西部，首位城市的生产集中度总体上趋于增加，个别省份有所降低。由图可知，生产集中度的下降出现在福建、海南、广东等东部沿海省份。第二，从空间分布上看，中西部地区生产集中度较高，东部地区相对较低。换言之，中西部地区的发展更多地依靠省内个别中心城市的经济增长，而东部地区内部则相对均衡③。第三，全国首位城市生产集中度的增加主要体现为中西部地区首位城市的生产集中度增加。这表明，存在一条中西部地区的发展越来越倾向于依赖省内个别中心城市的发展路径。最明显体现为四川、湖南、青海、新疆和黑龙江。

综上所述，通过对各省首位城市的财政资源、土地要素以及生产集中度的分析，展现了各省省内中心城市资源集聚的特征事实。

---

① 自2009年起，《中国国土资源统计年鉴》按照土地利用类型统计了全国105个主要城市的地面地价水平。其中，19个省份都统计到了主要地级市的行政层级。其中，贵州、云南、陕西、甘肃、青海、宁夏以及新疆只统计了省会城市。为比较首位城市与省内其他城市平均工业用地价格的差距，本章在分析中剔除了上述7个省份。省内其他城市平均工业用地价格为所调查城市工业用地价格的算术平均。首位城市的工业用地价格低于省内其他城市平均工业用地价格的省份包括河北省、福建省、海南省、广东省和浙江省。

② 首位城市生产集中度＝首位城市GDP/全省GDP。诚然，也有文献使用的生产集中度指标＝（地区GDP/全国GDP）/（地区国土面积/全国国土面积）（李国平和范红忠，2003）。由于中国各个省的面积相差很大，而首位城市的面积却相差无几。因此采用后一种指标将可能高估或者低估首位城市的生产集中度。因此，本章选择前一种度量指标。

③ 此处的"均衡"是就生产集中度而言。诚然，一些利用基尼系数、CV系数的研究表明，东部地区的省内差距反而大于中西部地区（Wei and Ye, 2004）。

主要表现在以下几个方面：第一，财政资源集中，首位城市与省内其他城市财税能力差距较大。第二，土地要素供给集中和首位城市工业用地价格偏低并行，进而削弱了省内其他城市土地要素的比较优势。这将导致土地要素价格机制在调节配置诸如资本等资源要素时失效。最终体现为"低价工业化"现象和城市"摊大饼"式发展方式。第三，在经济发展上，中西部地区内部趋于"一枝独秀"，而东部地区内部则是"百花争艳"。进一步而言，区域内发展的不均衡与区域间发展不均衡具有一致性。

第四节 实证分析

本小节将通过实证分析考察省内的资源集聚与该省整体经济增长的关系。旨在回答以下问题：双轨制的资源配置机制之下，省内中心城市的"一股独大"、资源集聚是否不利于该省整体的经济增长？行政手段、制度扭曲下省内的资源集聚与规模经济要求下形成的资源集聚对该省整体经济增长的影响是否存在差异？

一 实证分析方法

基于现有对区域经济增长进行实证分析的研究，本节利用 1990 年到 2011 年中国 26 个省、自治区的面板数据建立以下动态面板模型，以检验上述研究假说。

$$\ln y_{it} = \alpha + \beta_1 \ln y_{it-1} + \beta_2 cr_{it} + \beta_3 cr_{it}^2 + \gamma' X_{it} + \eta_i + \lambda_t + \varepsilon_{it} \qquad (8-1)$$

在式（8-1）中，被解释变量 $\ln y_{it}$ 为各省取对数的实际 GDP。解释变量包括反映省内资源集聚程度的生产集中度指标 cr_{it}、生产集中度指标的平方项 cr_{it}^2 以及一系列可能影响省域经济增长的控制变量 X_{it}。本节将省内资源集聚程度对省域经济增长的影响设定为二次函数形式。这主要源于不平衡增长理论对经济发展水平与资源要素在空间上集聚、扩散之间关系的讨论（Golley，2002）。具体的函数形式需要通过计量分析予以识别。控制变量包括滞后一期的被解释变量，用以控制上一期经济增长对当期经济增长连续、动态的影响。除此之外，还包括物质资本存量、人力资本存量、国有经济比重、财政支出占 GDP 比重、实际利用外商直接投资占 GDP 比重、开放度水平和基础设施水平。资本形成（物质资本、人力资本）是影响经济增长的关键要素。伴随着市场化改革，国有经济比重的下降有利于提高资本效率，进而促进经济增长（Jefferson et al. , 2008）。财政支出占比反映了相对的政府规模大小，而政府规模直接影响经济效率。FDI 的流入和开放度水平的提高是中国经济高速增长的重要特征之一。交通基础设施的改善能够提高生产要素的使用效率，也有利于经济增长。各省交通基础设施水平的差异是影响省域差距的重要因素之一。除此之外，一个地区的经济增长还受到该地区的文化、风俗等个体效应和宏观经济波动等随机扰动项的影响。其中，η_i 表示个体效应，λ_t 表示时间效应，ε_{it} 表示随机干扰项。

在式（8-1）中，被解释变量的滞后一期作为解释变量进入回归方程，因此是典型的动态面板模型。在该模型中，通过对式（8-1）做一阶差分以消去个体效应，得到如下差分式。

$$\Delta \ln y_{it} = \beta_1 \Delta \ln y_{it-1} + \beta_2 \Delta cr_{it} + \beta_3 \Delta cr_{it}^2 + \gamma' \Delta X_{it} + \Delta \lambda_t + \Delta \varepsilon_{it} \quad (8-2)$$

然而，$\Delta \ln y_{it-1}$ 与 $\Delta \varepsilon_{it}$ 相关。因此，需要为 $\Delta \ln y_{it-1}$ 寻找适当的工具变量。在不存在自相关的前提之下，$\ln y_{it-2}$ 是有效的工具变量。Arellano 和 Bond（1991）提出利用所有可能的滞后变量作为工具变量，进行差分 GMM 估计。但是，当面板数据的时间跨度较大时，就会有很多工具变量，容易出现弱工具变量问题[①]。为此，Arellano 和 Bover（1995）以及 Blundell 和 Bond（1998）共同发展了系统 GMM 方法。简言之，系统矩估计结合了水平 GMM 和差分 GMM。即一方面通过差分 GMM 消除个体效应，用 $\ln y_{it-2}$ 作为 $\Delta \ln y_{it-1}$ 的工具变量；另一

---

① 随着滞后项与差分项之间的时间跨度增加，两者的相关性逐渐减弱，出现弱工具变量问题。并且，当 y_{it} 接近随机游走时，y_{it-2} 与 Δy_{it-1} 的相关性更弱。

方面，回到水平方程（8 - 1）中，用 $\{\Delta \ln y_{it-1}, \Delta \ln y_{it-2}, \cdots\}$ 作为 $\ln y_{it-1}$ 的工具变量，解决差分 GMM 中出现的弱工具变量问题。系统 GMM 将水平方程和差分方程结合在一起作为一个方程系统进行估计，在保证统计量一致性的同时提高了工具变量的估计效率。因此，本节采用系统矩估计方法对式（8 - 1）进行回归估计。

二 数据来源、计算方法和基本统计分析

表 8 - 1　　　　　　　　变量的统计性描述和数据来源

变量名称	平均值	标准差	最小值	最大值	定义及数据来源
GDP	1369	1651	37.45	11000	实际 GDP（1978 = 100）[a]
K	2355	3307	33.46	23000	物质资本存量[b]
Edu	17000	11000	975.2	53000	人力资本存量[c]
Soe	0.502	0.174	0.137	0.935	国有经济固定资产投资占比[a]
Gov	0.144	0.067	0.049	0.550	政府一般预算支出占比[a]
Fdi	0.030	0.034	0.000	0.242	实际利用外商直接投资占比[a]
Open	0.221	0.299	0.032	1.964	进出口总额占比[a]
Infrastr	110000	62000	14000	320000	标准道路里程[d]
Crpro	0.235	0.089	0.079	0.503	省会城市生产集中度[e]
Cr1	0.238	0.086	0.048	0.503	首位城市生产集中度[e]
Cr2	0.379	0.127	0.094	0.736	前两位城市生产集中度[e]
Cr3	0.471	0.147	0.120	0.894	前三位城市生产集中度[e]
Gini	0.392	0.106	0.125	0.777	省内各城市经济规模的基尼系数

注：①资料来源：a.《新中国六十年统计资料汇编》和历年《中国统计年鉴》；b. 根据单豪杰（2008）整理添加；c. 根据陈钊等（2005）整理添加；d. 根据王小鲁等（2009）整理添加；e. 历年《中国城市统计年鉴》。②本表所指"占比"均为"占 GDP 的比重"；省会城市生产集中度等于省会城市当年 GDP 占全省 GDP 比重。依次类推，可计算出 GDP 首位城市、GDP 排名前两位和前三位城市的生产集中度。

三 回归结果和分析

（一）省内资源集聚与经济增长

为验证研究假说 1，本节采用系统 GMM 估计方法对式（8 - 1）

进行回归估计，估计结果呈现在表 8 - 2 中。在第（1）列中，本节估计了前期文献中提到的对各省经济增长存在影响的因素。滞后一期的实际 GDP 对当期经济增长存在连续、动态的影响。资本存量、国有经济比重、FDI、开放度水平对各地区的经济增长存在显著的正影响[1]。政府财政支出规模对各地区的经济增长存在显著为负的影响。人力资本存量对经济增长的影响与理论预期相反，同时也并不显著[2]。

表 8 - 2　　研究假说 1：省内资源集聚对全省经济增长的影响

	(1)	(2)	(3)	(4)	(5)	(6)	(7)	(8)
L. gdp	0.967 ***	0.970 ***	0.969 ***	0.968 ***	0.972 ***	0.968 ***	0.969 ***	0.973 ***
	(127.34)	(131.36)	(128.95)	(128.68)	(130.61)	(130.78)	(129.66)	(124.25)
K	0.041 ***	0.045 ***	0.045 ***	0.046 ***	0.041 ***	0.045 ***	0.040 ***	0.034 ***
	(7.70)	(8.62)	(8.45)	(8.34)	(7.79)	(8.67)	(7.62)	(5.95)
Edu	−0.005	−0.010 **	−0.009 **	−0.008 *	−0.008 *	−0.008 *	−0.004	−0.003
	(−1.02)	(−2.35)	(−2.07)	(−1.68)	(−1.71)	(−1.72)	(−0.78)	(−0.60)
Soc	0.092 ***	0.058 ***	0.065 ***	0.075 ***	0.076 ***	0.056 ***	0.075 ***	0.097 ***
	(5.42)	(3.45)	(3.74)	(4.25)	(4.53)	(3.29)	(4.53)	(5.62)
Gov	−0.145 ***	−0.040	−0.101 ***	−0.128 ***	−0.016	−0.033	−0.005	−0.118 ***
	(−3.99)	(−1.07)	(−2.75)	(−3.52)	(−0.42)	(−0.89)	(−0.13)	(−3.13)
Fdi	0.177 ***	0.183 ***	0.149 ***	0.159 ***	0.179 ***	0.178 ***	0.177 ***	0.191 ***
	(3.21)	(3.44)	(2.73)	(2.91)	(3.34)	(3.34)	(3.31)	(3.41)
Open	0.058 ***	0.039 ***	0.051 ***	0.053 ***	0.025 **	0.044 ***	0.028 **	0.059 ***
	(5.23)	(3.57)	(4.62)	(4.84)	(2.20)	(3.99)	(2.44)	(5.28)

---

[1]　国有经济比重的系数符号显著为正。可能的解释是，伴随着国有企业改革，国有经济效率的提高对经济增长具有正的影响。而国有经济对经济增长的不利影响则更多地体现在了技术进步（残差值）等其他方面。

[2]　关于经济增长的跨国实证研究中，人力资本存量与经济增长呈现出负相关关系是很普遍的。Islam（1995）对此进行了解释。一方面，现有度量人力资本的指标并没有真实地反映该国的人力资本存量状况。另一方面，人力资本变量在生产函数的设定中具有多种形式。

续表

	(1)	(2)	(3)	(4)	(5)	(6)	(7)	(8)
Infrastr	0.000	0.000	0.000	0.000	−0.000	0.000	0.000	0.000
	(0.94)	(0.27)	(0.28)	(0.49)	(−0.15)	(0.47)	(0.32)	(1.04)
Cr1		−0.250***				−0.472***		
		(−9.40)				(−6.01)		
Cr2			−0.101***					
			(−5.63)					
Cr3				−0.049***				
				(−3.38)				
Crpro					−0.335***		−0.693***	
					(−9.71)		(−5.98)	
Cr1 sq					0.466***			
					(3.00)			
Crpro sq						0.678***		
						(3.24)		
Gini								−0.097***
								(−4.61)
时间效应	控制	控制	控制	控制	控制	控制	控制	控制
样本数量	504	504	504	504	504	504	504	503
Ar (1)	0.775	0.188	0.742	0.727	0.104	0.021	0.592	0.697
Ar (2)	0.937	0.336	0.954	0.955	0.170	0.555	0.680	0.974
Sargan	1.000	1.000	1.000	1.000	1.000	1.000	1.000	1.000

注：①Ar（1）、Ar（2）、Sargan 值分别是一阶、二阶序列相关检验和工具变量过度识别检验的结果。下同。②根据 Arellnao 和 Bond（1991）的建议，本表在使用系统矩估计方法时，报告一步法的参数估计结果，两步法的序列相关检验和工具变量过度识别检验结果。下同。③括号内为 z 统计量值。在大样本情况之下，Z 统计量值趋近于 T 统计量值。④本表控制了所有年度的时间效应。下同。⑤受限于样本数量，本表限定在差分方程中仅使用解释变量的两个更高阶滞后值作为工具变量。⑥就模型设定而言，本表将物质资本存量设定为前定变量，并取其对数。其余变量均设定为外生变量。⑦***、**、*分别表示在1%、5%和10%的水平上显著。

为考察省内资源集聚对全省经济增长的影响，本节在第（2）

列到第（5）列中分别加入了反映省内资源集聚程度的生产集中度指标。从第（2）列的回归结果来看，GDP 首位城市的生产集中度（Cr1）每提高 10%，平均而言全省实际经济增长下降 2.5%。并且，其变量的估计系数在 1% 的水平上显著异于零。第（2）列的回归结果支持了研究假说 1，即一省之内的中心城市越是"一股独大"则越不利于全省整体的经济增长。在大多数年份里，首位城市与该省省会城市是一致的。但是，对于某些省份而言，在一些年份里，首位城市并不是省会城市。依据第二部分的分析，城市的行政层级作为重要的政策优势，对资源配置具有直接影响。因此，表 8 - 2 在第（5）列中控制了省会城市生产集中度指标（Crpro）。结果表明，省会城市生产集中度的提高同样不利于全省整体的经济增长。平均而言，省会城市生产集中度每提高 10%，全省经济增长率下降 3.35%。并且，变量的估计系数也在 1% 的水平上显著。通常来说，基尼系数是反映不平等程度的有效指标。在第（8）列中，加入了省内城市经济规模的基尼系数，用以反映省内经济活动的空间分布不平衡程度。从回归结果来看，省内城市经济规模的基尼系数每提高 10%，全省经济增长率下降 0.97%。

根据研究假说 1，省内越是资源集中则越不利于全省整体的经济增长。那么，如果把一个城市资源集中的情形扩展到两三个城市，这又会对全省整体的经济增长产生怎样的影响呢？表 8 - 2 第（3）列和第（4）列分别考虑了 GDP 排名前两位和前三位的城市的生产集中度对全省整体经济增长的影响。从回归结果来看，省内两三个城市的生产集中度的增加同样不利于全省整体的经济增长。

根据不平衡增长理论，经济活动不可能同时在所有的地方发生。那些先发展起来的地区对落后地区具有滴入和回流效应。这两种效应的力量对比决定着地区间差距的变化轨迹（Golley，2002）。那么，省内的资源集中与该省整体的经济增长是否存在非线性的关系呢？基于此，我们在第（6）列中加入了首位城市生产集中度的平方项（Cr1 sq）。第（6）列的回归结果显示，首位城市生产集中度的估计系数为正，即首位城市生产集中度与全省经济增长之间存在"U"关系。那么，这是否意味着继续保持首位城市的"一股独大"在长期中将有利于全省整体的经济增长呢？实际上通过简单的计算可知，上述"U"关系的顶点值约为 0.506[①]。然而，样本中仅有一个离群值的首位城市生产集中度大于该顶点值[②]。因此，第（6）列的估计结果并不足以支持"U"关系成立的论断。同理，第（7）列对省会城市生产集中度与全省经济增长之间的非线性关系进行了检验。回归结果显示，依然存在"U"关系，但依然不存在省会城市生产集中度大于顶点值的有效样本观测值[③]，同样并不足以支持"U"关系成立的论断。至此，研究假说 1 得到了验证。

为了缓解省内中心城市的生产集中与全省经济增长之间可能存在的双向因果关系所引起的估计偏误[④]，表 8 - 3 采取了滞后解释变量的做法，即用滞后一期的城市生产集中度去解释全省当期的经济增长。在表 8 - 3 第（1）列中，滞后一期的首位城市生产集中度（L. cr1）每提高 10%，平均而言全省的经济增长降低 3.06%。可见，当使用滞后一期的城市生产集中度时，首位城市的资源集聚对全省经济增长的不利效应增强了。因此可以推断，首位城市的"一股独大"对全省整体的经济增长具有持续的不利影响。同样，将这一方法适用于滞后一期的 GDP 排名前两位、前三位的城市生产集中度（L. cr2、L. cr3）以及滞后一期的省会城市生产集中度（L. crpro），表 8 - 3 得到了一致的结论。由此，研究假说 1 也得到了进一步的验证。

---

① 顶点值按如下计算所得：（0.472）/（2×0.466）= 0.506 或者 50.6%。
② 该离群值为 2003 年吉林省长春市的生产集中度。
③ 顶点值按如下计算所得：（0.693）/（2×0.678）= 0.511 或者 51.1%。
④ 一方面，省内中心城市生产集中度的提高直接影响该省的经济增长。另一方面，基于"双轨制"资源配置机制的分析，全省的经济增长意味着更多的资源将会配置到省内中心城市，进而影响这些城市的生产集中度。

表 8 – 3　　滞后一期的城市生产集中度对全省经济增长的影响

	（1）	（2）	（3）	（4）
L. gdp	0.974 ***	0.975 ***	0.971 ***	0.975 ***
	(149.71)	(148.89)	(149.47)	(147.41)
L. cr1	– 0.306 ***			
	(– 13.39)			
L. cr2		– 0.175 ***		
		(– 11.43)		
L. cr3			– 0.132 ***	
			(– 10.59)	
L. crpro				– 0.353 ***
				(– 12.25)
控制变量	控制	控制	控制	控制
时间效应	控制	控制	控制	控制
样本数量	481	481	481	481
Ar (1)	0.260	0.544	0.642	0.650
Ar (2)	0.373	0.633	0.848	0.864
Sargan	1.000	1.000	1.000	1.000

注：①控制变量包括影响省域经济增长的解释变量，分别为物质资本存量（K）、人力资本存量（Edu）、国有经济固定资产占比（Soe）、政府支出占比（Gov）、实际利用外资占比（Fdi）、进出口总额占比（Open）和标准道路里程（Infrastr）。②参数估计方法和模型设定与表 8 –2 完全一致。③ ***、**、* 分别表示在 1%、5% 和 10% 的显著性水平上显著。

在"双轨制"的资源配置机制之下，省内的资源集聚将不利于全省的经济增长。一般而言，首位（省会）城市等将受益于"双轨制"的资源配置机制。相反，行政干预、制度扭曲带来的不利效应则更多地体现为对省内其他城市经济发展的"挤出"。换言之，如果从省级面板数据进行系数估计，上述首位（省会）城市的资源集聚对省域经济增长一正一负的影响效应可能干扰估计系数。那么剔除首位（省会）城市的样本观测值，则意味着省内的首位（省会）城市"一股独大"，对省内其他城市经济发展的净效应为负。基于此，本节利用 1995 年到 2012 年《中国城市统计年鉴》构建了 1994—2011 年地级市面板数据。该面板数据涵盖了 26 个省级行政单位，247 个地级市的数据①。与基准模型（8-1）相似，地级市层面的动态面板模型如下：

$$\ln y_{it} = \alpha + \beta_1 \ln y_{it-1} + \beta_2 cr_{it} + \gamma' X_{it} + \eta_i + \lambda_t + \varepsilon_{it} \qquad (8-3)$$

在式（8-3）中，被解释变量为取对数的实际 GDP。解释变量包括滞后一期的 GDP、省内资源配置集中度 cr_{it} 以及一系列可能影响城市经济增长的控制变量 X_{it}。控制变量分别包括教育、健康水平、政府支出占比、固定资产投资、FDI 占比、农业从业人员占比、人均拥有道路面积、人均年供水量、城市经纬度、是否属于省会城市以及是否属于中西部地区②。除此之外，一个城市的经济增长还受到该城市的文化、风俗等个体效应和宏观经济波动等随机扰动项的影响。其中，η_i 表示个体效应，λ_t 表示时间效应，ε_{it} 表示随机干扰项。

在估计方法上，本节依然使用面板数据的系统矩估计方法。模型（8-3）的回归结果见表 8-4。

表 8-4　　　　　研究假说 1 的再检验：地级市面板数据

	(1)	(2)	(3)	(4)	(5)	(6)	(7)	(8)
L. gdp	0.988***	0.989***	0.989***	0.985***	0.994***	0.992***	0.989***	0.993***
	(450.38)	(464.43)	(470.56)	(435.64)	(374.36)	(369.27)	(340.04)	(374.81)
Agri	−0.001***	−0.001***	−0.001***	−0.001***	0.000	0.000	−0.000	0.000
	(−3.81)	(−3.74)	(−3.89)	(−3.69)	(0.44)	(0.17)	(−0.99)	(0.53)
Edu	0.003	0.005	0.005	0.005	0.002	0.005	0.004	0.004
	(0.19)	(0.32)	(0.34)	(0.32)	(0.11)	(0.36)	(0.27)	(0.24)

①　截至 2011 年年底，本节所分析的 26 个省级行政单位共有地级市 283 个。在实际的回归分析当中，本节将该面板数据处理为 1994 年到 2011 年的平衡面板。因此，实际参与回归分析的地级市数量为 247 个。

②　鉴于篇幅，正文中并未列出地级市面板数据的基本统计分析表。

	(1)	(2)	(3)	(4)	(5)	(6)	(7)	(8)
Health	0.002**	0.002**	0.002**	0.001*	0.001	−0.000	−0.001	0.000
	(2.22)	(2.09)	(2.13)	(1.84)	(0.54)	(−0.12)	(−1.59)	(0.31)
Gov	0.095***	0.096***	0.096***	0.098***	0.104***	0.110***	0.116***	0.104***
	(7.07)	(7.18)	(7.14)	(7.34)	(7.71)	(8.96)	(8.99)	(7.89)
Fixed	0.042***	0.042***	0.042***	0.042***	0.037***	0.035***	0.035***	0.037***
	(29.80)	(29.81)	(29.79)	(29.72)	(25.54)	(24.78)	(23.53)	(25.52)
Fdi	0.128***	0.128***	0.126***	0.137***	0.110***	0.115***	0.106***	0.116***
	(6.67)	(6.68)	(6.56)	(7.08)	(5.33)	(5.89)	(5.51)	(5.83)
Road	0.010	0.009	0.009	0.009	−0.011	−0.037**	−0.031*	−0.008
	(0.68)	(0.60)	(0.60)	(0.63)	(−0.72)	(−2.46)	(−1.93)	(−0.59)
Water	−0.001*	−0.001*	−0.001*	−0.001*	−0.001**	−0.001	−0.001	−0.001**
	(−1.71)	(−1.74)	(−1.66)	(−1.95)	(−2.05)	(−1.64)	(−0.99)	(−2.11)
Longitude	0.006***	0.006***	0.006***	0.006***	−0.012***	−0.010***	−0.008***	−0.012***
	(10.06)	(10.19)	(10.32)	(9.51)	(−11.38)	(−10.70)	(−8.52)	(−11.13)
Latitude	−0.002***	−0.002***	−0.002***	−0.002***	0.011***	0.010***	0.006***	0.011***
	(−5.23)	(−4.74)	(−5.04)	(−4.46)	(12.66)	(12.84)	(8.37)	(12.52)
Cr1	−0.027*				−0.038**			
	(−1.78)				(−2.34)			
Capital	−0.064***	−0.063***	−0.065***	−0.057***				
	(−5.44)	(−5.35)	(−5.63)	(−4.86)				
Cr2		−0.032***				−0.042***		
		(−2.83)				(−3.52)		
Cr3			−0.025**				−0.027**	
			(−2.55)				(−2.49)	
Crpro				−0.066***				−0.053***
				(−4.77)				(−3.71)
Mid					0.021**	0.011	−0.038***	0.020*
					(2.09)	(1.19)	(−4.78)	(1.96)
West					−0.153***	−0.132***	−0.156***	−0.149***
					(−10.48)	(−9.55)	(−12.78)	(−10.05)

续表

	(1)	(2)	(3)	(4)	(5)	(6)	(7)	(8)
剔除城市	否	否	否	否	是	是	是	是
时间效应	控制	控制	控制	控制	控制	控制	控制	控制
样本数量	1978	1978	1978	1978	1702	1512	1395	1756
Ar（1）	0.912	0.913	0.916	0.882	0.916	0.955	0.924	0.890
Ar（2）	0.933	0.903	0.944	0.957	0.974	0.941	0.960	0.970
Sargan	0.244	0.239	0.239	0.228	0.783	0.976	0.997	0.692

注：①参数估计方法与表8-2完全一致。②使用被解释变量的所有滞后期作为内生变量的工具变量。③第（5）列到第（8）列分别剔除了首位城市、GDP排名前两位、前三位城市以及省会城市的样本观测值。第（1）列到第（4）列均未剔除上述相应城市的样本观测值。④本表控制所有18个年度的时间效应。⑤***、**、*分别表示在1%、5%和10%的显著性水平上显著。

从第（1）列的回归结果来看，首位城市生产集中度（Cr1）每提高1%，平均而言各地级市的经济增长率下降2.7%。并且，其估计系数在10%的水平上显著异于零。同样，在第（2）列、第（3）列和第（4）列中，衡量省内资源集聚程度指标的估计系数均显著为负，进一步支持了研究假说1的基本结论。结合表8-4第（1）列到第（4）列的回归结果，省内资源集聚度每提高1%，各地级市实际经济增长率平均下降2.5%到6.6%。

如前所述，在"双轨制"资源配置机制之下，省内资源集聚程度的提高更多地来源于行政扭曲、制度缺陷。由此带来的对经济增长的不利效应更有可能作用于那些非首位（省会）城市之上。而首位（省会）城市则凭借其财政优势、土地优势、政策优势攫取大量的经济资源，以促进其自身的经济增长。基于此，表8-4在第（5）列到第（8）列中分别剔除了首位城市、GDP排名前两位、前三位城市以及省会城市的样本观测值。估计结果表明，省内资源集聚程度与省内各地级市之间显著负相关的关系并没有改变。具体而言，省内资源集聚度每提高1%，各地级市的经济增长率平均下降2.7%到5.3%。并且，值得注意的是，在剔除了相应城市的样本观测值之后，省内资源集聚程度对各地级市经济增长的不利效应确实都有所提高。以第（5）列的估计结果为例，首位城市的生产集中

度（Cr1）每提高1%，平均而言各地级市的实际经济增长率下降
3.8%。相比于未剔除首位城市的估计结果，省内资源集聚度对各
地级市经济增长的不利效应提高了近40.7%①。

（二）省内资源配置的规模经济与行政扭曲效应

"双轨制"资源配置机制之下，资源集中既有可能是行政手段、制
度扭曲下的结果，也有可能是集聚经济的必然要求。毋庸置疑，相比于
行政手段、制度扭曲下的资源集中而言，源于规模经济下的集聚更具经
济效率。这也就意味着，不同原因下产生的资源集聚对经济增长具有不
同的影响效应。那么，怎样来区分出省内各城市的经济集聚是源于行政
干预、制度扭曲还是规模经济的必然要求呢？一般而言，规模经济下的
资源集聚往往伴随着人口密度的增加。而行政手段、制度扭曲下的集聚
往往导致该地区的经济集聚（GDP）水平远远高于人口集聚水平
(Glaeser, 2011; 陆铭, 2013)。如近年来大量涌现的"鬼城"现象生动
地体现了行政手段干预、制度扭曲配置下的资源集中。因此，人口集聚
水平的高低是区分城市化过程中的"规模经济效应"与"行政扭曲效
应"的有效指标之一。但是，首位（省会）城市的人口占比高并不一
定就是内生的经济行为。例如，北京由于其所获得的巨额财政补贴，从
而使得人们为了享受这些补贴的好处而涌向北京②。由于人口对资源
的"依附性"，而资源在城市的集聚既源于经济的内生行为，也可
能是扭曲的行政配置的结果。因此，如果使用首位（省会）城市现
有的人口集聚水平，并不能有效地区分出上述两种效应。

基于此，若使用更长历史时期的人口集聚水平作为衡量该城市
当下发展过程中的"规模经济效应"的指标，应该可以有效地避开
当下的制度安排、政策法规所带来的"扭曲"的人口集聚。当然，
要保证该指标的有效性，还依赖于一个基本前提，即城市的经济发
展过程具有很强的延续性，历史上人口规模大的城市现在的人口规

---

① 各地级市实际经济增长率与省内资源集聚程度之间的散点图也表明了二者间的负
相关关系。鉴于篇幅，正文中并未列出。

② 此处感谢匿名审稿人的宝贵意见。

模依然较大。一般而言，现有关于城市经济的研究支持了这一基本结论（Davis and Weinstein，2002；Bleakley and Lin，2012；Wang and Zhu，2013；陆铭，2013）。例如，Davis 和 Weinstein（2002）利用日本的历史人口数据发现，城市人口规模的变化具有很强的延续性。那些历史上就具有高人口密度的地区（城市），现在依然具有很高的人口密度，即使遭受了战争（第二次世界大战时期英美同盟军空袭轰炸）的摧残。就中国而言，陆铭（2013）利用 1982 年和 2000 年两次人口普查数据发现，初始年份（1982）的城市人口数量与其后期的城市人口增长数之间具有正相关关系。同样，Wang 和

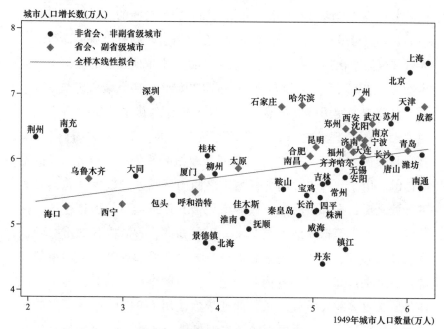

图 8-3　城市初始人口规模与增长

注：横轴为 ln［1949 年人口数 +1］；纵轴为 ln［2010 年人口数 - 1949 年人口数 +1］。
资料来源：《新中国城市 50 年》和各省 2010 年人口普查统计公报①。

① 在《新中国城市 50 年》中，部分城市的年末总人口数据存在缺失。各省 2010 年人口普查统计公报可在国家统计局网站查看。网址链接为 http://www.stats.gov.cn/tjsj/tjgb/rkpcgb/dfrkpcgb/。

Zhu（2013）分析了中国各城市的人口规模在 1949 年到 2008 年间的变化趋势。研究发现，近 60 年间，中国的城市规模变化并未呈现出收敛或者发散，而是一种平行增长（Parallel – growth Model）。这意味着，用历史上的城市人口规模大小来解释当下的城市发展，具有合理性。

就本章而言，本章分别使用首位（省会）城市 1949 年和 1978 年的人口数量占全省当年人口数量的比重，来衡量该城市在当下发展过程中的规模经济效应。实证分析之前，本章考察了上述初始年份的城市人口规模与其后期的人口增长数之间的关系。图 8 – 3 直观地展示了二者之间的相关关系。由图可知，城市初始的人口规模与其后期的人口数量呈正相关关系。并且，单就省会、副省级城市而言，其人口规模的变化具有更强的延续性。因此，本章所呈现的城市人口规模变化与陆铭（2013）、Wang 和 Zhu（2013）的研究结论基本一致。

在分析了使用历史时期城市人口规模作为衡量各城市当下人口规模大小的合理性之后，本章还需要从计量上识别出，首位（省会）城市的"规模经济效应"和"行政扭曲效应"对经济增长的不同影响。由于省与省之间、各城市之间的禀赋差异较大，尤其是改革开放之后，东部沿海的一些城市凭借其靠近港口的地理位置、优越的政策条件等迅速地发展起来。不仅如此，省域内各城市之间也具有较大差异。例如，由于靠近沿海港口和毗邻香港，深圳市的经济发展水平远高于广东省内其他远离港口的城市。因此，为了控制住各城市更多的异质性效果，此处依然使用 1994 年到 2011 年的地级市面板数据。地级市层面的动态面板模型如式（8 – 4）所示。在式（8 – 4）中，$\ln y_{it}$ 和 $\ln y_{it-1}$ 分别表示各地级市当期以及滞后一期取对数的实际 GDP。cr_{it} 表示首位（省会）城市的生产集中度。$census_{i1994}$ 表示 1949 年首位（省会）城市年末总人口占当年全省人口的比重。X_{it} 为一系列可能影响各地级市经济增长的控制变量，与式（8 – 3）完全一致。同样，η_i 表示个体效应，λ_t 表示时间效应，ε_{it} 表示随机干扰项。基于研究假说 2，预期交乘项系数 β_3 的符号为正，结合负的

β_2，这意味着在生产集中度保持不变的条件下，人口集聚水平的提高将有助于改善省内资源集聚对各地级市经济增长的不利影响。

$$\ln y_{it} = \alpha + \beta_1 \ln y_{it-1} + \beta_2 cr_{it} + \beta_3 cr_{it} \times census_{i1949} + \gamma' X_{it} + \eta_i + \lambda_t + \varepsilon_{it}$$

$$(8-4)$$

在表 8-5 第（1）列中，首位城市生产集中度（cr1）的系数依然为负，并且在 1% 的水平上显著。首位城市生产集中度与该城市 1949 年人口规模占比的交乘项（one_ inter）系数为正，并在 1% 的水平上显著。具体而言，在首位城市人口规模占比均值之上，首位城市生产集中度每提高 10%，平均而言各地级市的实际经济增长率下降 1.78%[①]。同样，在第（2）列中，省会城市生产集中度（crpro）每提高 10%，平均而言各地级市的实际经济增长率下降 2.31%[②]。更进一步，"双轨制" 的资源配置机制之下，省内非均衡的资源集聚对经济增长的不利效应更有可能作用于那些非首位（省会）城市之上。而首位（省会）城市更可能凭借其财税、土地、政策等优势攫取大量的经济资源，以促进其自身的经济增长。换言之，上述两种同时存在的一正一负的影响效应可能会使得估计结果存在偏误。为此，表 8-5 在第（3）列、第（4）列中剔除了相应的首位（省会）城市样本观测值。从回归结果来看，首位和省会城市生产集中度每提高 10%，平均而言各地级市的实际经济增长率分别下降 1.31% 和 1.94%[③]。更进一步，不同于新中国成立之初各城市的基本状况，在经过大约 5 个 "五年计划" "三线建设" 以及一系列的政治动荡之后，1978 年各城市的工业基础、城市建设和管理体制等已经发生很大变化。表 8-5 第（5）列至第（8）列还考察了以 1978 年城市人口规模占比相乘作为交乘项的情形。回归结果同样支持了研究假说 2。

---

① 该值按如下计算所得：（-0.249）+（0.79×0.09）= -0.1779。
② 该值按如下计算所得：（-0.476）+（2.879×0.085）= -0.231。
③ 这两个值分别按如下计算所得：（-0.205）+（0.814×0.09）= -0.131；（-0.474）+（3.287×0.085）= -0.194。

表 8 - 5　　　　行政扭曲与规模经济效应下的省内资源集聚
对各地级市经济增长的影响

	1949 年城市人口规模占比				1978 年城市人口规模占比			
	(1)	(2)	(3)	(4)	(5)	(6)	(7)	(8)
L. gdp	0.985***	0.976***	0.987***	0.980***	0.958***	0.955***	0.972***	0.967***
	(343.04)	(332.31)	(353.65)	(336.63)	(381.61)	(375.43)	(380.75)	(370.56)
Edu	−0.013	−0.005	−0.014	−0.006	−0.003	−0.002	−0.008	−0.006
	(−0.70)	(−0.29)	(−0.79)	(−0.36)	(−0.19)	(−0.11)	(−0.43)	(−0.31)
Health	0.003***	−0.000	0.002	−0.002*	−0.000	−0.001	0.001	−0.000
	(2.61)	(−0.27)	(1.50)	(−1.81)	(−0.41)	(−0.95)	(1.28)	(−0.30)
Gov	−0.053***	−0.043***	−0.030*	−0.024	−0.098***	−0.086***	−0.102***	−0.085***
	(−3.29)	(−2.75)	(−1.92)	(−1.55)	(−6.55)	(−5.77)	(−6.61)	(−5.57)
Fixed	0.018***	0.022***	0.016***	0.020***	0.031***	0.032***	0.026***	0.029***
	(10.18)	(12.60)	(9.77)	(11.44)	(21.21)	(21.91)	(17.31)	(18.69)
Fdi	0.426***	0.401***	0.369***	0.367***	0.335***	0.322***	0.427***	0.402***
	(19.39)	(18.60)	(16.17)	(16.01)	(15.58)	(14.95)	(18.60)	(17.53)
Road	−0.000	−0.004	−0.005	−0.003	−0.021	−0.018	−0.037**	−0.031*
	(−0.00)	(−0.20)	(−0.27)	(−0.16)	(−1.23)	(−1.07)	(−2.09)	(−1.75)
Water	0.001	0.000	0.001	0.000	0.000	0.000	0.001	0.001
	(1.31)	(0.12)	(1.48)	(0.46)	(0.49)	(0.25)	(1.56)	(0.94)
longitude	0.006***	0.004***	−0.008***	−0.007***	0.011***	0.010***	0.005***	0.005***
	(7.15)	(4.54)	(−10.25)	(−8.16)	(17.80)	(15.63)	(5.06)	(4.84)
latitude	−0.000	−0.001	0.007***	0.005***	−0.005***	−0.004***	−0.001	−0.001*
	(−0.52)	(−1.40)	(11.77)	(7.11)	(−9.39)	(−7.32)	(−1.56)	(−1.66)
crl	−0.249***		−0.205***		−0.419***		−0.477***	
	(−9.72)		(−7.99)		(−16.80)		(−17.50)	
one_ inter	0.790***		0.814***		1.935***		2.232***	
	(4.59)		(4.87)		(14.04)		(14.72)	
crpro		−0.476***		−0.474***		−0.406***		−0.519***
		(−17.39)		(−16.53)		(−16.47)		(−19.32)
cap_ inter		2.879***		3.287***		1.629***		2.293***
		(11.32)		(12.64)		(10.62)		(13.22)

续表

	1949 年城市人口规模占比				1978 年城市人口规模占比			
	(1)	(2)	(3)	(4)	(5)	(6)	(7)	(8)
剔除城市	否	否	是	是	否	否	是	是
时间效应	控制	控制	控制	控制	控制	控制	控制	控制
样本数量	1608	1608	1413	1413	1889	1889	1633	1633
Ar（1）	0.912	0.944	0.947	0.965	0.939	0.933	0.911	0.889
Ar（2）	0.966	0.977	0.970	0.973	0.938	0.954	0.967	0.974
sargan	0.919	0.919	0.998	0.998	0.366	0.366	0.892	0.890

注：①参数估计方法和模型设定与表 8 - 4 完全一致；②one_ inter 和 cap_ inter 分别表示首位城市生产集中度与首位城市初始年份人口规模占比的交乘项、省会城市生产集中度与省会城市初始年份人口规模占比的交乘项。③ *** 、** 、* 分别表示在 1%、5% 和 10% 的显著性水平上显著。

　　基于稳健性检验的考虑，本章还分别从土地和财政两个方面进行了分析。城市化的过程不仅表现为人口的集聚，还表现为建成区面积的不断扩大①。因此，土地资源的配置机制是理解和分析城市化的关键之一。由于中国的城市化起点低，但发展速度快，因此有大量土地需要由农业用地转为建设用地，即所谓的"农地转用"。然而，凡是涉及农业用地转为建设用地的，都需要由地方政府进行征收，进而转为国有建设用地进行出让（蒋省三等，2010）。并且，出于保护耕地面积的考虑，建设用地需要按指标在各级地方政府之间进行行政配置②。因此，国有建设用地指标和土地出让成为地方政府官员快速推进城市化的重要政策工具。在政治集权与经济分权的基本制度之下，相比于以产业（主要是服务业）发展为基础的城

---

　　① 就世界各国城市化的历史实践而言，城市人口密度伴随着城市化水平的提高而不断增加，而城市建成区面积与城市化水平之间的关系并非单调的正相关关系（Glaeser，2011）。但就中国目前的工业化和城市化水平而言，城市建成区面积的扩大、城市基础设施的改善等方面依然是城市化水平提高的显著标志之一。

　　② 城市建设用地指标分配主要依据建设部 1990 年颁布的《城市用地分类与规划建设用地标准》。城市建设用地指标主要以各城市的非农业人口数为依据（转引自陆铭（2013））。

市化所带来的长期增长效应，地方政府更偏好于单纯以建成区面积扩大和建筑业快速发展为主要特征的"GDP 效应"（蒋省三等，2010）。因此，使用国有建设土地出让量作为衡量城市化过程中的扭曲效应，具有合理性。当然，城市建设土地出让量越大，并不一定意味着城市化的扭曲效应越明显。因为，这其中也包含着城市自身发展所带来的对建设用地的需求。例如，现在许多东部沿海城市出现了建设用地指标不够用，而许多中西部城市的建设用地指标又用不完的现象。为此，本节需要剔除掉在建设用地出让量增加过程中所包含的城市经济发展的"规模经济效应"。

首先通过混合 OLS 估计，得到建设用地出让量对一系列反映城市规模经济效应的控制变量进行回归的残差。进而，使用残差值来衡量城市化过程中的"行政扭曲效应"。为了降低该残差值的衡量偏误，本节使用首位（省会）城市初始年份的经济发展水平作为控制变量，加入到回归方程式（8 – 5）当中。

$$land_{it} = \alpha + \rho_1 census_{i1949} + \rho_2 industry_{i1949} + \rho_3 edu_{i1949} + \rho_4 longitude_i + \rho_5 latitude_i \qquad (8 - 5)$$

在式（8 – 5）中，分别选择 1949 年和 1978 年作为初始年份。此处仅以 1949 年为例，说明各变量的含义。被解释变量 $land_{it}$ 为 2003 年到 2011 年首位（省会）城市国有建设用地出让量占全省国有建设用地出让量之比[①]。在解释变量当中，$census_{i1994}$ 为 1949 年首位（省会）城市年末总人口数，用以反映城市人口规模大小。$industry_{i1949}$ 表示 1949 年首位（省会）城市的工业总产值，用以反映该城市的工业基础。edu_{i1949} 表示 1949 年首位（省会）城市的小学、普通中学以及高等学校在校学生人数之和，用以反映该城市的人力资本状况。$longitude_i$ 和 $latitude_i$ 分别表示首位（省会）城市的经纬度，用以反映该城市的地理位置特征。图 8 – 4 直观地展示了通过混合

---

① 城市和省层面的国有建设用地出让量的数据来源于历年《中国国土资源年鉴》。在该年鉴中，城市层面的国有建设用地出让量的数据最早可以追溯到 2003 年。

OLS 估计得到的残差值与各地级市实际经济增长率之间的负相关关系①。由图可知，随着剔除了规模经济效应的残差值的增加，即剔除规模经济效应的建设用地出让量占比的增加，各地级市的实际经济增长率不断下降。

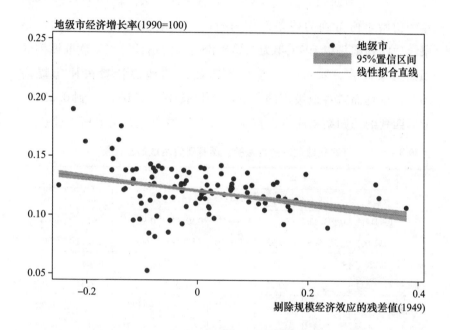

图 8 - 4　经济增长与首位城市国有建设用地出让量

资料来源：《新中国城市 50 年》；历年《中国城市统计年鉴》；历年《中国国土资源年鉴》。

接下来，利用式（8 - 5）得到的残差值作为衡量城市化过程中"行政扭曲效应"的指标，构建了 2003 年到 2011 年的地级市面板数据。在式（8 - 6）中，$\ln y_{it}$ 和 $\ln y_{it-1}$ 分别表示各地级市当期及滞后一期的取对数的实际 GDP。$residual_{it}$ 为式（8 - 5）所得到首位

---

① 经济增长与省会城市国有建设用地出让量的情形与首位城市一致。鉴于篇幅，正文中并未列出。

（省会）城市建设用地出让量占比的残差值。X_{it}表示一系列可能影响地级市经济增长的控制变量，与式（8-4）完全一致。同样，η_i表示个体效应，λ_t表示时间效应，ε_{it}表示随机干扰项。

$$\ln y_{it} = \alpha + \beta_1 \ln y_{it-1} + \beta_2 residual_{it} + \gamma' X_{it} + \eta_i + \lambda_t + \varepsilon_{it} \qquad (8-6)$$

表 8-6 为回归方程式（8-6）的估计结果。前四列是以 1949 年为初始年份得到的残差值作为衡量"行政扭曲效应"的估计结果。后四列则是以 1978 年为初始年份得到的估计结果。就前四列的回归结果而言，首位（省会）城市建设用地出让量占比每提高 10%，平均而言各地级市的实际经济增长率下降 0.15% 到 0.25%。就后四列的回归结果而言，首位（省会）城市建设用地出让量占比

表 8-6　　　　行政扭曲效应的再检验：国有建设用地的出让量

	1949 年				1978 年			
	(1)	(2)	(3)	(4)	(5)	(6)	(7)	(8)
L. gdp	0.994***	0.993***	0.995***	0.999***	0.994***	0.993***	0.992***	0.994***
	(591.06)	(579.89)	(409.82)	(410.70)	(720.57)	(688.71)	(576.12)	(570.47)
one_ residual	-0.016**		-0.025***		-0.020***		-0.026***	
	(-2.57)		(-3.55)		(-3.49)		(-4.11)	
cap_ residual		-0.015**		-0.023***		-0.012**		-0.015**
		(-2.48)		(-3.31)		(-2.09)		(-2.19)
控制变量	控制	控制	控制	控制	控制	控制	控制	控制
剔除城市	否	否	是	是	否	否	是	是
时间效应	控制	控制	控制	控制	控制	控制	控制	控制
样本数量	920	1020	815	899	1196	1204	1046	1052
Ar (1)	0.756	0.658	0.786	0.609	0.871	0.507	0.889	0.801
Ar (2)	0.779	0.111	0.815	0.620	0.684	0.755	0.827	0.845
Sargan	0.989	0.983	0.999	0.999	0.423	0.513	0.862	0.858

注：①参数估计方法和控制变量的选择与表 8-4 完全一致；②国有建设用地出让量数据来源于 2004 年至 2012 年的《中国国土资源年鉴》；③one_ residual 和 cap_ residual 分别表示剔除规模经济效应之后，首位、省会城市国有建设用地出让量占比的残差值；④依据序列相关检验和 sargan 检验的结果，本表将城市固定资产投资、FDI 占比和政府支出占比设定为内生变量，并且使用所有更高阶滞后期作为内生变量的工具变量。下同。⑤***、**、*分别表示在 1%、5% 和 10% 的显著水平上显著。

每提高 10% ，平均而言各地级市的实际经济增长率下降 0.12% 到 0.26% 。相比于未剔除首位（省会）城市样本的估计结果，剔除首位（省会）城市样本观测值之后，建设用地出让量占比对各城市经济增长的不利效应增大了 25% 到 56% 。

　　财税也是地方政府推进城市化过程的另一个重要渠道。更多的财税收入意味着地方政府能够更大限度地压低工业用地的出让价格，提供更优惠的税收减免条件，以及改善城市的基础设施等（蒋省三等，2010）。随着 1994 年分税制改革的推行、"西部大开发"以及"振兴东北老工业基地"等战略的提出，地方政府越来越依赖于上级政府的财力支持（范子英，2014）。中央、省级政府主要通过转移支付的方式对地方政府进行财力支持。然而，不同于中央对省级政府相对透明、规范的转移支付，省级政府对省内各地方政府的转移支付则缺乏明确的规则（范子英，2014）。一般而言，地方政府所获得的转移支付的多少既取决于经济因素，也受政治因素的影响。例如，那些在某省有过工作经历的中央委员越多，则该省获得的专项转移支付也就越多（范子英和张军，2010）。实际上，这一现象也类似地发生在省级政府对下一级地方政府的专项转移支付的过程中①（江孝感等，1999）。相比于落后地区，发达地区的地方政府在争取专项转移的过程中更具有竞争力。这意味着，专项转移支付与平衡地方政府之间的财力差距是背道而驰的。基于此，本节进一步从专项转移支付的视角来研究省域内资源配置过程中的政策扭曲对经济增长的不利影响。

　　在所有的转移支付类型当中，专项转移支付和税收返还在地区间的非均等性最明显（Shih and Zhang，2007）。实际上，税收返还最初只是作为中央推行分税制改革，以获得地方政府对财政改革支持的折中方式。并且，随着中央的转移支付政策转向平衡地区间财政差距，税收返还占转移支付的比重也不断降低（范子英，2014）。

---

① 在争取专项转移支付的过程中，主要表现为人情款、讨价还价等现象。

基于此，专项转移支付更直接地度量了各地方政府之间的财力差距，以及由此在资源配置过程中产生的行政扭曲效应。利用《全国地市县财政统计资料》和《中国城市统计年鉴》，本节构建了1995年到2009年的地级市面板数据①。基于基准模型式（8-1），建立如下的回归模型：

$$\ln y_{it} = \alpha + \beta_1 \ln y_{it-1} + \beta_2 Transfer_{it} + \gamma' X_{it} + \eta_i + \lambda_t + \varepsilon_{it} \qquad (8-7)$$

在式（8-7）中，除 $Transfer_{it}$ 表示各首位（省会）城市专项转移支付的强度之外，其余变量的含义与式（8-6）完全一致。借鉴范子英（2014）关于转移支付与经济增长的研究，专项转移支付强度等于首位（省会）城市专项转移支付收入减去专项转移支付上解再除以其财政总支出②。

表8-7列示了模型（8-7）的回归估计结果。就第（1）列和第（2）列的回归结果而言，首位城市专项转移支付强度（one_transfer）每增加10%，平均而言地级市实际经济增长率下降0.87%。而省会城市专项转移支付强度（cap_transfer）每增加10%，平均而言地级市实际经济增长率下降1.01%。同样，为了避免首位（省会）城市自身对经济增长的正效应，从而导致估计结果的偏误，第（3）列和第（4）列分别剔除了相应的首位或者省会城市的样本观测值。回归结果表明，首位城市专项转移支付强度每增加10%，平均而言地级市实际经济增长率下降0.88%。而省会城市专项转移支付强度每增加10%，平均而言地级市实际经济增长率下降1.05%。至此，研究假说2也得到相对一致的验证。

---

① 中央对地方的大规模的转移支付出现在1994年分税制改革之后（范子英，2014）。因此，该面板数据的时间起点选择为1995年。最新公开出版的《全国地市县财政统计资料》可追溯到2009年。

② 作为稳健性检验，本书也考虑了传统衡量转移支付强度的方法，即用财政支出减去财政收入再除以财政支出。结论与表8-7基本一致。

表 8 – 7　　　　行政扭曲效应的再检验：专项转移支付强度

	（1）	（2）	（3）	（4）
L. gdp	0.995***	0.995***	0.988***	0.988***
	（593.58）	（598.88）	（498.75）	（503.86）
one_ transfer	−0.087***		−0.088***	
	（−10.31）		（−9.67）	
cap_ transfer		−0.101***		−0.105***
		（−12.09）		（−11.82）
控制变量	控制	控制	控制	控制
剔除城市	否	否	是	是
时间效应	控制	控制	控制	控制
样本数量	1463	1463	1267	1267
Ar（1）	0.729	0.943	0.850	0.886
Ar（2）	0.957	0.926	0.999	0.971
Sargan	0.998	0.998	1.000	1.000

注：①参数估计方法和控制变量选择与表 8 – 4 完全一致；②模型设定与表 8 – 6 一致；③one_ transfer 和 cap_ transfer 分别表示首位城市、省会城市专项转移支付强度。④***、**、*分别表示在 1%、5% 和 10% 的显著水平上显著。

第五节　本章小结

规模经济具有经济效益是基本共识。规模经济必然要求资源要素在空间上的集聚。但是，要素的空间集聚并不一定全然是规模经济的体现。关键的问题在于，要素的空间集聚是怎样发生的。是市场竞争机制下要素价格自发调节的结果，还是扭曲的资源配置机制作用的结果？本章认为，政治集权与经济分权是我国的基本制度设计。在此之上，市场竞争与地方政府竞争机制共同构成了我国的双轨制资源配置机制。然而，由于制度缺陷，地方政府竞争机制下的资源配置并非是有效率的①。具体而言，大多数省内中心城市的资源集中并非是源于规模经济的内在要求。

在实证层面，本章利用省级和地级市面板数据，在控制了经济增长主要影响因素的前提下，以生产集中度指标作为反映省内资源集聚程度的替代变量，对研究假说1和研究假说2进行了实证检验。实证结果表明：双轨制资源配置机制下，源于行政干预、制度缺陷扭曲下产生的省内资源集聚不利于全省整体的经济增长。平均而言，首位和省会城市的生产集中度每提高10%，全省的实际经济增长率分别下降2.5%和3.35%。另外，本章通过选取历史时期的首位（省会）城市人口规模占比指标，来区分"规模经济效应"与"行政扭曲效应"下产生的省内资源集聚现象。实证结果表明，源于规模经济内在要求下产生的省内资源集聚将改善省内各城市间经济规模不平衡对全省经济增长的不利影响。

在政策建议层面，本章的研究结论表明，通过行政干预、制度扭曲从而过度地将资源集中于省内一两个中心城市将不利于该省长期的经济增长，进而将扩大省与省之间的经济差距。基于此，剥离掉地方政府在资源配置上的行政主导权力是实现资源在空间上有效率集聚和分散的关键措施②。因此，从制度设计层面划清地方政府与资源要素、市场之间的界限是本章认为最关键的政策措施。同样，本章的分析结论为一直以来中国城市化道路的争论提供了一个有益的思路③，即中国大城市的规模有多大并不重要，重要的是这

① 这也是分权式改革成本在中国的具体体现。

② 有意思的是，这与政治集权、经济分权这一缔造中国经济增长奇迹的基本制度产生了矛盾。政治集权、经济分权制度之下产生的地方政府竞争促进了经济增长。然而，一旦剥离了地方政府在资源配置上的行政主导权力，就意味着即使地方政府依然有意愿去发展地方经济，但也不会有多大的能耐对经济发展产生影响。

③ 关于中国的城市化道路历来就有大城市优先和小城镇重点发展的争论，并且大多数文献都集中于讨论城市规模大小所带来的经济效率（Henderson and Wang, 2007；万广华和朱翠萍, 2010；陆铭等, 2011）。

些大城市是在什么样的资源配置机制下形成的。源于规模经济而形成的大城市的资源集聚是经济效率的体现，而行政干预、制度扭曲配置资源下形成的"鬼城"则是中国区域经济发展过程中的效率损失和分权制度所带来的成本在当下的具体表现。

第九章 财政分权、经济波动与
资源配置效率

本章中我们主要研究财政分权的间接效率损失：经济波动对资源配置效率的影响。分权导致波动，波动导致什么？波动导致资源配置效率的损失。传统的研究主要强调经济波动的福利成本损失，主要表现为经济波动带来不确定对效用函数的影响所导致的效用损失，本章的研究指出：经济波动除传统的福利成本损失之外，在经济增长中，经济波动对资源配置效率同样存在重要的、非单调性影响。

本章结构如下：第一节是引言部分；第二节是理论分析；第三节是研究方法和研究数据说明；第四节是利用基于最大似然估计的随机前沿分析方法的计量检验；最后是本章研究结论。

第一节 引言

一 研究背景

传统的宏观经济学理论中经济波动与经济增长的研究是分离的，经济波动主要受到短期的有效需求不足、货币冲击或外生成本冲击的影响，而经济增长则受到资本投入、技术进步以及制度变迁的制约，短期和长期的"两分法"构成波动和增长不同的研究范式。自 Nelson、Plosser（1982）对宏观经济变量非平稳性的研究以及 Kydland 和 Prescott（1982）、Long 和 Plossner（1983）真实经济周期理论开始，经济学家认识到宏观经济时间序列并不能简单地分解为互不影响的短期波动与长期增长，经济波动与经济增长事实可以在一般均衡的框架下同时存在，重新整合经济波动和经济增长的研究获得新的重视。

实证研究中 Ramey 和 Ramey（1995）较早地研究了经济波动对经济增长潜在的影响，利用 1950—1985 年 92 个国家的面板数据，Ramey 和 Ramey 证实短期的经济波动不利于长期经济增长，但是波动与投资之间并不存在显著关系。这一研究结论具有重要的政策意义，稳定经济的政策不仅具有"微小"的福利效应（Lucas，1987），同样具有重要的长期影响。Ramey 和 Ramey 的工作引发如下思考：如果经济波动不是通过影响资本投资从而影响经济增长，那么什么因素可以解释实证研究中负向关系？

现有研究强调三方面传导机制：要素投入的影响、经济体的结构性因素以及全要素生产率的影响。①经济波动对要素投入的影响，理论和实证研究都存在模糊性：一方面，由于预防性动机，价格波动导致居民和企业进行更多的投资，可能提高社会储蓄率和社会投资率。居民也会利用增加对人力资本的投资以避免未来收入的不确定（Canton，2002）；同时，由于投资的不可逆转性，可能存在波动（不确定性）与投资的负相关（Pindyck，1991）。实证中，Aizenman 和 Marion（1999）证实私人投资变化确实是波动—增长关系的重要渠道之一，经济波动与私人投资之间存在稳健的负相关关系，来源于公共投资的逆周期性，使得总投资与经济波动的负向关系不复存在。②Hnatkovska 和 Loayza（2003）认为结构性因素的存在，导致波动—增长存在非线性关系，即金融体系越不完备、收入水平越低的国家，波动对增长的负面影响越严重。Kose 等（2006）强调对外贸易与金融自由化对波动增长关系的影响。Fata's 和 Mihov（2006）强调财政政策波动对增长的恶性影响。但是 Hnatkovska 和 Loayza（2003）、Kose 等（2006）都没有说明结构性因素通过什么渠道影响经济增长。③Aghion 等（2005）在内生经济增长框架下，分析了价格波动对技术研发和经济增长的影响，金融市场不完善，投资回收期较长的研发投资将出现顺周期的波动和较低的平均增长；Ahmet Faruk（2007）进一步强调由于技术研发需要密集型资本投资，在金融市场不完善背景下，价格波动可能引发研发投资不足和技术进步的下降；Rafferty（2004）实证研究证实价格波动通过影响全要素生产率（TFP）在一定程度上解释了波动增长的负向关系。但是全要素生产率的变化，不仅仅包括技术的进步（Technological Progress），还包括资源重新配置所带来的配置效率（Allocate Efficiency）的变化（Farrell，1957；Aigner and Chu，1968），价格波动是否影响配置效率，以及通过什么样的机理影响配置效率，现有文献并没有涉及。

二 研究问题

本章的研究目标就是在上述全要素生产率分解基础上，研究价格波动对资源配置效率的影响。考虑到企业要素调整不可忽视的菜单成本的存在，不同程度的价格波动可能导致企业不同的调整策略和相对应的效率损失程度：类似温水中的青蛙，在较低的价格波动幅度下，企业"保守"地维持生产计划和要素投入比例不变，并且面临较低的、可接受的配置效率损失；随着价格波动的增加，保守策略的机会成本逐步超过企业调整成本，企业将主动"调整"要素投入和产出以应对较大的价格波动，从而避免配置效率损失进一步增加。上述调整策略转变意味着当企业调整成本服从均匀分布时，价格波动对整体的资源配置效率损失的影响将呈现出增加但是增加幅度递减的非单调关系。价格波动增加了资源配置效率损失意味着对通货膨胀福利成本的传统测算存在低估的可能性，同时意味着稳定经济波动的宏观经济政策具有帕累托改进的功能。需要强调的是，递减的配置效率损失并不意味着较大幅度的价格波动对经济没有影响。恰恰相反，"调整"策略意味着较大幅度价格波动可能主要通过影响企业资本投资，尤其是长期资本投资项目影响经济增长（Romer，2006）。

本章在以下几个方面区别于现有研究：①现有研究主要强调波动与增长的实证关系（Ramey and Ramey，1995；Aizenman and Marion，1999；Hnatkovska and Loayza，2003；Turnovsky and Chattopadhyay，2003；Kose et al.，2006；Imbs，2007；胡鞍钢，1994；刘金全、张鹤，2003；李永友，2006；卢二坡，2007），而对传导机制的关注则主要集中于要素投入和技术进步，本章主要关注价格波动与资源配置效率之间理论和实证关系研究；②研究方法上本章借鉴 Wang（2002a），利用基于极大似然估计的一步回归随机前沿方法（SFA），直接估计价格波动对配置效率的影响，从而可以避免两步分解造成的遗漏偏误。

第二节　波动与配置效率：理论模型

一　理论模型

本节中将借鉴新凯恩斯主义理论中市场不完全性和调整的不可忽视的菜单成本（Mankiw，1991；Romer，2006），尝试性对价格波动与资源配置效率的关系进行研究。相对价格的变化将会打破企业要素配置的均衡，重新制订生产计划，或重新调整要素的投入比例存在不可忽视的调整成本。计划制订者不会对任何微弱的变化做出及时、灵敏的反应。以劳动雇佣为例，由于员工解雇面临的一系列劳动纠纷或商业信息的泄露，重新招聘或重新培训的支付成本等因素的影响，外生价格变化下，企业可能理性地保持产量和要素投入比例的不变。同样增加资本投资会因为资本调整的不可逆转性而推迟甚至取缔。所以"近似理性"的决策者合理的选择是"惰性"地使用当前的生产计划与要素投入密度。当然，较大幅度的价格波动，调整带来的收益可能远大于成本，企业将会重新安排生产计划。对小幅度价格波动的表现出"惰性"，对较大幅度的价格波动进行"调整"，这一策略对企业内部资源配置效率具有重要的含义。

考虑一个将价格视为外生固定的企业的产量调整行为，企业面对给定的随机价格 p，决定自己的产出水平 q，企业供给曲线 $p = a + b \cdot q$，其中参数 $a > 0$，$b > 0$，则给定价格为 p_0 时，企业供给数量 $q_0 = (p_0 - a)/b$。对于外生价格波动，企业是否调整自己的供给数量取决于企业 i 一次性调整成本 F_i，其中 i 表示第 i 家企业。将企业数量标准化，则 $i \in (0, 1)$，如果企业价格调整的收益大于调整成本 F_i，企业将调整自己的产量到最优产量。否则，"惰性"的企业宁愿保持产量不变。

企业净利润 $\pi = pq - c(q)$，其中 $c(q)$ 表示生产成本。价格从 p_0 变化到 p_1，企业调整产量到 q_1 时的企业利润 π_1 等于：

$$\pi_1 = p_1 \frac{p_1 - a}{b} - \int_0^{\frac{p_1 - a}{b}} (a + bq)\,dq \qquad (9-1)$$

式 (9-1) 中前面部分为价格 p_1 时的总收益，后面的积分部分是产量 $q_1 = (p_1 - a)/b$ 时的总成本。如果企业保持原来产量 $q_0 = (p_0 - a)/b$ 不变，则价格变化后的利润等于：

$$\pi_0 = p_1 \frac{p_0 - a}{b} - \int_0^{\frac{p_0 - a}{b}} (a + bq)\,dq \qquad (9-2)$$

令价格变化后调整产量的净收益 $\Delta\pi = \pi_1 - \pi_0$，$\Delta p = p_1 - p_0$，简单运算可以得到 $\Delta\pi = \Delta p^2/2b$。利用图 9-1 可以更直观地解释：价格没有发生变化以前，生产者剩余等于三角形 aAp_0，因为外生需求水平的变化，导致价格水平上升到 p_1，如果不存在调整成本，企业在 p_1 价格水平下生产 q_1，生产者剩余等于 $\triangle aBp_1$。但是如果调整成本足够大使得企业维持产量 q_0，则生产者剩余变成四边形 $aACp_1$，不调整产量的机会成本等于 $\triangle ABC$ 面积。所以只要 $\triangle ABC$ 面积小于调整成本 F_i，企业将会选择维持在 q_0 水平下进行生产；反之，如果

$\triangle ABC$ 面积大于 F_i，企业将产量调整到 q_1，图中三角形 ABC 面积正好等于式（9 - 1）与式（9 - 2）的差，即等于 $\Delta p^2/2b$。

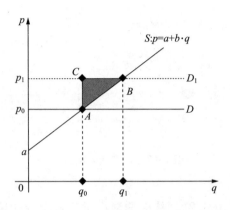

图 9 - 1　调整成本与产量决策

如果企业 i 无法调整自己的产量，企业将面临效率损失 $\triangle ABC$ 面积 $L_i = \Delta p^2/2b$；反之，对一个调整产量的企业而言，效率损失等于一次性调整成本 $L_i = F_i = f \cdot i$。总结上述讨论，可以获得第 i 个企业的配置效率损失：

$$L_i = \begin{cases} \Delta p^2/2b, & \text{如果 } \Delta p^2/2b < F_i \\ F_i, & \text{如果 } \Delta p^2/2b \geqslant F_i \end{cases} \qquad (9-3)$$

假设异质性调整成本的存在，即假设企业的调整成本 F_i 服从均匀分布 $F_i \sim U(0, f)$，按照调整成本从小到大将企业重新排序，第 i 个企业调整成本 $F_i = f \cdot i$，见图 9 - 2。图 9 - 2 中，我们画一条水平线 $\Delta p^2/2b$，当 $\Delta p^2/2b \geqslant f$ 时，所有企业都将进行生产计划的调整，每个企业面临 $F_i \sim U(0, f)$ 的效率损失，全部企业的效率损失 $L = f/2$；如果 $0 \leqslant \Delta p^2/2b < f$，则对应调整企业成本 $\Delta p^2/2b$ 的是第 $\Delta p^2/2bf$ 个企业。

二　研究假说

由图 9 - 2 可以发现，给定价格变化 Δp，前 $\Delta p^2/2bf$ 个企业调整

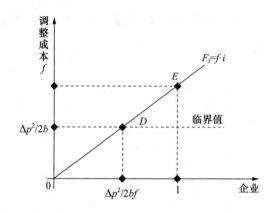

图 9 - 2　调整成本的分布

成本低于临界值 $\Delta p^2/2b$，从而调整产量，每个企业效率损失 $F_i \sim U$ $(0,\ \Delta p^2/2b)$；后 $(1 - \Delta p^2/2bf)$ 个企业调整成本较高，从而不对产量进行调整，每个企业的面临效率损失 $L_i = \Delta p^2/2b$，所以全社会总的资源配置效率损失：

$$L = \begin{cases} \dfrac{f}{2} & \text{当} \dfrac{\Delta p^2}{2b} \geq f \\[3mm] \dfrac{\Delta p^2}{2bf} \cdot \dfrac{\Delta p^2}{4b} + \dfrac{\Delta p^2}{2b} \cdot \left(1 - \dfrac{\Delta p^2}{2bf}\right) = \dfrac{\Delta p^2}{2b} - \dfrac{\Delta p^4}{8b^2 f} & \text{当} 0 \leq \dfrac{\Delta p^2}{2b} < f \end{cases}$$

$$(9-4)$$

由式（9 - 4）可以发现：随着价格波动的增加，效率损失呈现一种递减的非线性趋势，价格波动 $\Delta p^2 \leq 2bf$ 时，效率损失呈现抛物线状的增加趋势，但是当价格波动 $\Delta p^2 > 2bf$ 时，效率损失达到临界值 $f/2$，呈现水平变化的趋势，如图 9 - 3 所示。

从图 9 - 3 中可以发现，虽然平均而言价格波动增加了资源配置效率损失，但是不同程度的价格波动对效率损失的影响并不相同。较低的价格波动增加了资源配置效率损失，但是价格波动的边际效率损失效应呈现逐渐递减趋势。递减效应的出现主要来源于企业主动的调整能力。随着价格波动的增加，使得保守策略的机会成本提高（即图 9 - 1 中 $\triangle ABC$ 的面积）。一旦机会成本超过企业的一次性

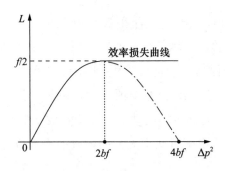

图 9 - 3　效率损失曲线

调整成本，部分企业将对要素组合进行重新整理。所以配置效率损失不是以直线的趋势增加，而是以抛物线的趋势增加。认为价格波动可以无限制增加资源配置效率的损失实际上忽视了企业主动调整的能力。当价格波动一旦超出所有企业调整成本时，效率损失达到临界值 $f/2$。所有企业支付一次性调整成本。

第三节　方法和数据说明

一　计量方法说明

标准的增长核算中全要素生产率 TFP 反映了剔除资本和劳动之外的其他因素对经济增长的影响，其中包括由于各种外生的环境和政策变量导致生产者无法在潜在生产前沿面生产（Farrell，1957），基于这一思想，Aigner 和 Chu（1968）将 TFP 分解为反映纯粹的技术进步项（Technical Progress，TP）和反映资源配置的配置效率项（Allocative Efficiency，AE）。而资源的配置效率（又称技术效率）可能受到各种随机因素或其他外生政策因素的影响。如图 9 - 4 所示，在没有技术进步的情况下，要素组合 x_1 可以带来 y_1 的产出水平，但是由于包括价格波动等因素带来的资源配置不合理，从而实

际产出 y_2 低于潜在产出 y_1，存在效率损失 u。如果存在技术进步，生产前沿将向上移动。增长核算研究中将从 A 到 C 的移动看作全要素生产率 TFP 的提高。但是从图 9 – 4 中可以看出，显然可以将 AC 的距离进一步分解为技术进步项（BC 距离）和配置效率提高项（AB 距离）。为了捕捉价格波动对资源配置效率的影响（AB 距离），本节采用了包含资源配置效率方程的随机前沿分析方法。

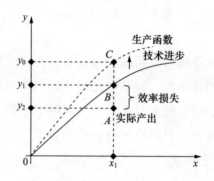

图 9 – 4 随机前沿生产函数

对随机配置效率的建模在实证研究中主要包括两类：Kumbhakar 等（1991）、Huang 和 Liu（1994）、Battese 和 Coelli（1995）对外生的技术无效率项 u 的均值模型进行了估计（简称 KGMHLBC）；Caudill 和 Ford（1993）、Caudill 等（1995）以及 Hadri（1999）对配置效率方差 σ_u^2 进行模型，解决了随机无效率项异方差问题（简称 CFCFGH）。王泓仁（Wang，2002a；2002b）对上述两类模型进行综合，即利用最大似然估计对配置效率损失的均值和方差同时进行建模，估计方程具体模型设定如下：

$$\ln y_{it} = \ln y_{it}^* - u_{it} \qquad (9-5)$$

$$\ln y_{it}^* = X_{it}'\beta + v_{it} \qquad (9-6)$$

$$X_{it}'\beta = \beta_0 + \sum_k \beta_k \ln x_{kit} + \frac{1}{2}\sum_k \sum_l \beta_{kl} \ln x_{lit} \ln x_{kit} \qquad (9-7)$$

$$u_{it} \sim h(z_{it},\ \delta) \cdot N^{+}(\tau,\ \sigma^2) \qquad (9-8)$$

$$h(z_{it},\ \delta) = \delta_0 \frac{\exp(\Delta p^2)}{1+\exp(\Delta p^2)} + \delta_1 open + \delta_2 human + \delta_3 fegdp \quad (9-9)$$

$$v_{it} \sim N(0,\ \sigma_v^2) \qquad (9-10)$$

方程（9-5）反映了因为配置效率损失 u_{it}，潜在产出 $\ln y_{it}^*$ 对实际产出 $\ln y_{it}$ 的偏离，方程（9-6）说明了潜在产出水平 $\ln y_{it}^*$ 受一系列要素投入因素 X 和随机的不可测因素 v_{it} 的影响，假设复合残差项 u_{it}，v_{it} 相互独立，且与回归的解释变量无关。复合残差项方差 $\sigma^2 = \sigma_v^2 + \sigma_u^2$，定义 $\gamma = \sigma_u^2/\sigma^2 \epsilon [0,\ 1]$，如果 $\gamma = 0$，说明对潜在产出的偏离主要由噪声 v_{it} 引起，相反 γ 接近 1 则说明对潜在产出的偏离主要来源于配置效率低下导致。方程（9-7）是利用泰勒级数对超对数生产函数的二阶近似；方程（9-8）说明技术无效率项具有非负性，因而需要采用截断回归（Tobit regression），配置效率损失 u_{it} 受一整套外生环境变量和政策变量 z_{it} 的影响，王志刚、龚六堂（2006）的研究指出影响中国区域资源配置效率的变量主要包括：人力资本水平、对外开放力度和公共财政支出比重等因素。考虑到本节主要研究价格波动对配置效率损失的效应影响，所以在上述三个变量的基础上，本节进一步控制价格波动 Δp^2，而为了捕捉价格波动对配置效率非线性影响。方程（9-9）对价格波动进行 Logistic 变换，可以证明式（9-9）中价格波动 Δp^2 对资源配置效率损失 u_{it} 的一阶导数大于零，二阶导数小于零，且一阶和二阶导数极限均为零①，即价格波动增加了资源配置效率损失，但是价格波动导致的效率损失并不是无限增加，而是存在一个等于 $\delta_0 N(\tau,\ \sigma^2)$ 的阈值。式（9-10）是回归误差 v_{it} 的分布。为了获取式（9-5）至式（9-10）的无偏的、一致估计量，本节采用最大似然

---

① 完整的 $y = logistic\ (x)$ 曲线中，当 $x < 0$ 时，$dy/dx > 0$，$d^2 y/dx^2 > 0$；当 $x \geq 0$ 时，$dy/dx \geq 0$，$d^2 y/dx^2 \leq 0$；本节研究中 $\Delta p^2 \geq 0$，所以在式（9-10）设定中，Δp^2 增加资源配置效率损失，但是这种增加以 $\delta_0 \times N\ (\tau,\ \sigma^2)$ 为极限。

估计。

式（9-5）至式（9-10）的模型设定与估计具有三个方面的优点：①早期研究主要使用两步回归方法，首先估计效率损失项 u_{it}，其次回归 u_{it} 和政策变量 z_{it} 获得参数估计 δ，但是显然两步估计获取配置效率损失 u_{it} 是有偏的①。所以本节采用对配置效率损失的均值和方差同时进行建模，并采用极大似然估计的一步回归估计方法，既避免了两步回归中存在的估计偏误，又提高了 KGMHLBC 和 CFCFGH 研究过程中的估计效率。②将生产函数设定为超越对数生产函数（translog），这一设定可以作为对未知生产函数的合理的二阶近似，具有可变替代弹性，未知生产函数形式和非中性技术进步以及要素投入的非线性影响等优点（Christensen et al.，1973；Kim and Young，1992），从而在实证研究中具有广泛的应用。③通过对价格波动进行 Logistic 变换，可以捕捉价格波动对配置效率损失的非线性影响。

二　数据说明

本章使用的研究数据主要来源于《新中国 55 年统计汇编》和历年《中国统计年鉴》，全样本为 1985—2008 年 30 个省（市、区），重庆数据合并到四川，变量说明如下：

实际国内生产总值：实际国内生产总值以 1978 年为基期，计算方法主要依据 GDP 增长指数计算出实际国内生产总值。

价格波动指标：由于 Δp 实际就是通货膨胀率，所以 Δp^2 就是通货膨胀率平方。本章中我们分别构造三个指标衡量通货膨胀率；消

---

① 两步估计中存在如下问题：配置效率方程 u_{it} 估计过程中假设配置效率损失 u_{it} 受外部变量 z_{it} 影响，但是在生产函数方程 y_{it} 的估计中假设了 u_{it} 不受其他变量的影响，或者影响因素与要素投入变量 x_{it} 不相关，否则在第一步估计中获取的 u_{it} 就是有偏的，显然上述两步估计中对 u_{it} 的假设是相互矛盾的（王志刚、龚六堂，2006）。

费品价格指数 CPI，投资品价格指数 PPI① 以及 GDP 平减指数 DPI，GDP 平减指数等于名义 GDP 比上实际 GDP，并整理成环比价格指数形式。

资本存量：本章使用的资本存量来源于单豪杰（2008）估算数据。并利用固定资产价格指数将基期调整为以 1978 年为基期。这一数据估算的优点是利用了经济普查和年度修正的最新数据资料，数据的详细说明参见单豪杰（2008）。

劳动就业水平：使用各省份的劳动从业人员，由于劳动从业人员主要是城镇和乡村从业人数之和，无法从质量上反映劳动者的劳动质量，所以本章辅助构造了人力资本水平指标。

人力资本水平：主要使用了普通高等院校学生人数，为了消除扩招等政策因素的影响，以及考虑到劳动者通常在毕业后的工作几年积累一定实践经验后才能带来劳动生产率的提高，本章使用过去三年普通高校在校学生的平均人数作为各省份人力资本水平的近似。

对外开放度：使用进出口贸易总额占 GDP 的比例，由于进出口贸易额主要使用美元计价，所以在计算比值时，采用当年全国的平均汇率水平将进出口贸易总额换算成可比的人民币价格。

财政支出水平：主要使用地方政府预算内财政支出比上当地的名义国内生产总值水平。较大的财政支出比例反映了地方政府对当地经济的较大干预力度，这一方面增加公共品供给数量，从而提高配置效率；另一方面较大的政府干预可能造成市场的扭曲，从而不利于配置效率水平的提高。

---

① 由于各省固定资产投资品价格指数从 1992 年才有正式统计，所以 1978—1991 年固定资产价格指数我们主要采用单豪杰（2008）处理方法，即根据固定资产组成成分和每个部分的价格指数，加权编制固定资产价格指数。

第四节 价格波动与配置效率的计量检验

一 实证结果

我们使用王泓仁（2002b）的一步最大似然估计方法[①]对模型进行估计，结果见表9－1。样本为1978—2012年全国30个地区的面板数据。表9－1的上部分为随机前沿生产函数估计结果，下部分为配置效率损失方程估计结果：在所使用的超越对数生产函数中主要包括劳动、资本、时间以及所有的二次项；配置效率损失估计方程中有价格波动、对外开放、人力资本水平以及财政支出水平四项指标。在模型Ⅰ至模型Ⅵ中我们使用的是相同的生产函数，它们之间的区别主要体现在价格波动指标的选择上：在模型Ⅰ至模型Ⅱ中我们用消费品价格平方作为衡量价格波动的指标，但较模型Ⅰ，模型Ⅱ将该指标做了对数化处理；在模型Ⅲ至模型Ⅳ中我们用投资品价格指数（PPI）平方作为价格波动指标，较模型Ⅲ，模型Ⅳ中的PPI也做了对数化处理；模型Ⅴ至模型Ⅵ中的GDP平减指数平方我们采用了同前面一致的变换处理。

表9－1　　　　　　　　经济波动与配置无效率估计结果

随机前沿函数估计	消费品价格		投资品价格		GDP平减指数	
	Ⅰ	Ⅱ	Ⅲ	Ⅳ	Ⅴ	Ⅵ
资本	0.6312 ***	0.5956 ***	0.4201 ***	0.4079 ***	0.4292 ***	0.4681 ***
	(6.38)	(5.97)	(4.46)	(4.33)	(4.57)	(5.01)
劳动	0.6815 ***	0.7025 ***	0.7404 ***	0.7568 ***	0.7401 ***	0.7505 ***
	(3.69)	(3.82)	(4.42)	(4.54)	(4.43)	(4.55)

[①]　本章使用Stata10进行实证研究，最大似然估计的随机前沿程序来源于http：// homepage. ntu. edu. tw/ ~ wangh/。

续表

随机前沿函数估计	消费品价格		投资品价格		GDP 平减指数	
	I	II	III	IV	V	VI
资本×劳动	−0.0596***	−0.0572***	−0.0498***	−0.0481***	−0.0508***	−0.0547***
	(−4.44)	(−4.28)	(−3.85)	(−3.72)	(−3.94)	(−4.30)
资本平方	0.0412***	0.0416***	0.0422***	0.0422***	0.0420***	0.0415***
	(21.65)	(22.01)	(22.78)	(22.84)	(22.67)	(22.63)
劳动平方	0.0006	−0.00085	0.0035	0.0019	0.0032	0.0024
	(0.04)	(−0.05)	(0.22)	(0.12)	(0.21)	(0.16)
资本×时间	−0.0081***	−0.0075***	−0.0022	−0.0023*	−0.0023*	−0.0029**
	(−5.49)	(−5.02)	(−1.62)	(−1.68)	(−1.68)	(−2.11)
劳动×时间	0.0070***	0.0062***	0.0001	−0.0002	0.0005	0.0018
	(3.68)	(3.22)	(0.05)	(−0.09)	(0.32)	(1.04)
时间	−0.0372***	−0.0357**	0.0201*	0.0229**	0.0185	0.0109
	(−2.61)	(−2.48)	(1.71)	(1.93)	(1.58)	(0.91)
时间平方	0.0014***	0.0013***	−0.0000	−0.0001	−0.0000	0.0000
	(5.91)	(5.75)	(−0.32)	(−0.40)	(−0.43)	(0.08)
常数项	−1.4022***	−1.3537***	−1.4322***	−1.470***	−1.4364***	−1.4858***
	(−2.84)	(−2.75)	(−3.27)	(−3.36)	(−3.28)	(−3.43)
配置效率损失方程估计						
Logistic 变换价格波动		0.5178***		0.2471**		0.5710***
		(3.51)		(2.48)		(5.06)
价格波动	2.6729**		0.6754*		4.3608**	
	(2.16)		(1.86)		(2.55)	
对外开放	−4.8047***	−4.4200***	−3.2697***	−3.2822***	−3.4400***	−3.2853***
	(−7.46)	(−7.13)	(−6.90)	(−6.83)	(−7.00)	(−6.83)
人力资本	−0.0424**	−0.0530**	−0.2704***	−0.2566***	−0.2518***	−0.2093***
	(−2.06)	(−2.48)	(−5.50)	(−5.38)	(−5.14)	(−4.82)
财政支出比重	0.4376**	0.5112***	0.1081	0.1164	0.1584	0.5570***
	(2.43)	(2.84)	(0.61)	(0.67)	(0.90)	(3.01)
似然比	175.35	180.33	190.59	192.36	192.11	203.88
样本量	733	733	862	862	862	862

注：①*、**和***分别表示在10%、5%和1%的水平上显著；②括号内为 z 值统计量。

二 实证结果分析

对表 9 - 1 的实证回归结果，我们做如下结论：

（1）总的来说，价格波动对资源配置效率的影响存在着显著负相关关系，即价格波动越大其资源配置效率损失也就越大。进一步地，相比没有进行对数转换的价格波动指标，经过转换后的拟合程度更好，也就是价格波动对资源配置效率的影响是非线性的。通过对在三组回归方程的释然比统计量（LR）的比较不难发现：经过 Logistic 转换后的释然比统计量均大于未经 Logistic 的，这从侧面验证了经过 Logistic 转换的模型对方程的估计结果更优；相对模型 V 至模型 VI，模型 III 至模型 IV 的 LR 值更大，即 GDP 平减指数优于投资品价格指数进行整体估计。考虑到模型 III 至模型 IV 与模型 I ～ II 使用的样本量的差异，因而无法对两个指标的估计结果直接进行比较，但就单个变量的回归显著性而言，模型 II 的拟合程度更好，因此我们就主要用模型 II 的回归结果展开分析。

（2）超越对数生产函数可有效估计生产函数中投入要素之间相互影响、各投入要素的技术进步差异以及技术进步随时间变化而变化等。用模型 II 中得到的参数估计可得资本平均产出弹性（E_k）为 0.584，劳动平均产出弹性（E_l）为 0.431。其中资本平均产出弹性与劳动平均产出弹性之和约等于 1（即 $E_k + E_l = 1.015$），这也表现出了当前我国要素投入规模报酬不变。进一步地，我们发现资本平均产出弹性随着时间的增加而下降（下降量为 0.0075），而劳动平均产出弹性却随着时间的增加而上升（上升量为 0.0062），这显示了资本的深化将导致资本使用效率下降（张军，2002）的特点。

（3）通过对模型 I 至模型 VI 的比较分析我们可以发现对外开放程度和人力资本积累对资源配置效率的正向作用，而地方财政支出对资源配置效率的作用不太明显：对外开放和人力资本的积累在以上六个模型的估计参数均为负，且都在 5% 的水平上显著异于零，这表明对外开放程度和人力资本积累有助于资源配置效率的提升；

关于财政支出对地方资源配置效率的影响，在模型Ⅰ、模型Ⅱ和模型Ⅵ中其估计系数均为正，且在5%的水平上显著异于零，但是在模型Ⅲ至模型Ⅴ中其虽然估计为正，但并不显著，这说明财政支出水平对资源配置效率的影响还具有一定的不确定性，需要进一步的研究。

第五节　本章小结

本章从理论和经验两方面研究了价格波动对资源配置效率的影响。本章的理论模型显示，对于存在调整成本的企业而言，价格波动可能带来企业的效率损失。更重要的是效率损失存在一定的可供识别的模式。由于调整成本的存在，面对较低水平价格波动的企业可能并不会立刻增加或减少要素投入，而是"惰性"维持原有的要素投入比例和生产计划。这一保守策略意味着价格波动将带来企业配置效率损失的增加。随着价格波动幅度的进一步增加，越来越多的企业将会主动地对要素投入进行调整，以便抵消大幅波动的不利影响。"惰性策略"向"调整策略"的转变意味着随着价格波动的增加，资源的配置效率损失的增加存在递减的趋势，当价格波动超出所有企业调整成本时，全社会的资源配置效率损失达到极限。利用省级面板数据和极大似然估计的随机前沿方法，本章分解出省级资源配置效率损失，对资源配置效率损失与价格波动之间的关系进行估计。计量检验佐证了价格波动对资源配置非线性影响的主要推论。

就政策含义而言，本章认为稳定的宏观经济环境对资源的合理配置而言是重要的。这种重要性不仅仅来源于稳定的宏观经济环境可以避免频繁的价格波动造成的消费不稳定和社会福利损失（Lucas，1987），更重要的是不稳定的宏观经济环境还导致了微观企业在资源配置效率上的损失，从而降低了作为经济增长基本因素的全要素生产率。效率损失配合价格波动对要素积累的不利影响，可能会造成价格波动对长期经济增长的进一步恶化。

本章的研究存在如下不足：由于全要素增长率可以分解为技术进步和技术效率，而本章仅探讨了价格波动对技术效率的影响，而全面分析价格波动对 TFP 的影响还需要进一步从理论和经验上探索价格波动对纯粹的技术进步的影响，这将需要未来做进一步深入研究。

第十章 研究结论与政策建议

第一节 研究结论

本书主要研究了中国式的财政分权与宏观经济周期性波动之间的相互关联，及其背后的形成机理，分别从宏、微观两个视角，研究了财政分权对宏观经济周期性波动的影响渠道，并利用相关宏观和微观的数据对上述机制进行实证研究。同时，本书还进一步分析了财政分权对经济效率所产生的直接和间接影响，即竞争效率损失与资源配置效率损失。具体而言，本书研究的结论主要包括：

（1）宏观机制：我国的宏观经济周期性波动表现出较为显著的"活乱"循环特征，即"一放就活，一活就乱，一乱就收，一收就死"，而财政分权及其相对应的政府官员"绩效"考核等制度安排对其经济波动的影响显著。从宏观的角度来讲，在以"经济增长"为核心的官员绩效考核体系下，财政分权"刺激"了地方政府的投资，而地方政府的财政支出对总供给和总需求产生了非对称性的影响，这种非对称性的影响造成（加剧）了经济波动。具体来讲，当政府财政支出对民间投资存在不完全挤出效应时，其财政支出将使社会的总需求（AD）增加，然而考虑到政府的投资效率远低于民间资本效率，其扩张性财政支出很有可能相对地降低了社会总的生产能力，即社会总供给（AS）水平的相对下降。进一步地，在社会总供给—总需求（AS－AD）的框架中，财政分权所引致的地方投资规模扩张导致了社会总需求曲线（AD）向右移动，而对应的社会总供给曲线（AS）却向左移动，两者共同作用的结果是价格水平上升（通货膨胀）和社会总产出水平一定量的增加（当然，也有出现社会总产出水平下降的可能）。沿着这条思路，我们就不难理解为什么我国的价格波动表现出显著的顺周期性，以及价格波动幅度远大于社会总产出波动幅度的原因。进一步地，考虑到中央政府对整体宏观经济过热的调控，"活乱"循环的周期性波动则得以体现，即"分权→地方政府投资规模膨胀→总需求水平大幅上升，供给能力小幅下降→经济过热（通货膨胀和经济高增长）→中央政府宏观调控→地方政府投资规模缩减→需求水平大幅下降、供给能力小幅上升→经济萧条（通货紧缩和经济增长）"。本书采用结构 VAR 分解方法，在分解我国宏观经济波动的需求和供给冲击成分的基础上，通过实证检验了该假说。

（2）微观基础：本书从财政分权对地方政府官员行为激励的微观视角，即微观基础，较为深入地探讨了财政分权是如何引致地方投资规模膨胀的。在中国式财政分权背景下，地方政府官员具有强烈的财政收入激励和政治晋升激励，二者共同构成了经济周期波动的微观基础。地方政府通过干预财政支出规模，促进资本形成来发展经济，不但可以从经济增长中获得更多的税收，其官员在政治晋升的竞争中也会获利即晋升概率的提高。财政分权所引致的财政收入激励和政治晋升激励的"双重激励"直接促进了地区投资规模的膨胀。利用省级官员晋升的微观数据，本书实证检验发现：①在省委书记或省长发生更替的年份，辖区的交通基础设施投资将增长 4.05%，对省长和省委书记分别回归显示官员晋升地区交通基础设施投资影响分别达到 14% 左右，该结果表明官员更替促进了该地区交通基础设施投资增长。②同时，本书还发现地方官员任免对当地基础设施投资的影响具有一定的可识别的规律，具体而言，在新官员上任当年，当地交通基础设施投资增长达 4.57%，一年后当地基础设施投资增长 5.92%，在新官员上任后的第三年，投资规模呈下降态势。与此同时，预期到新官员的上任，老官员的人事变动，在新官员上任之前的一年，当地交通基础设施投资开始大幅度下降，下降幅度达 3.95%。这一官员任免对交通基础设施投资的时间模式，清楚地表明官员的变动本身就是当地投资波动，从而成为地区经济波动的重要影响因素之一。

（3）中央—地方互动：中央政府的宏观政策微调，一旦被地方政府预期到，"理性"的地方政府将会进行更大规模的"投资冲刺"，以确保微调"靴子落地"之前，先把当地的项目上马，政策的"微调"诱发宏观经济的过热迫使中央政府行使更加直接和更加严厉的"行政措施"，最终的结果是宏观经济的"硬着陆"，宏观经济更大幅度的波动。具体来说，我们将该传导机制归纳如下：分权→激励扭曲→投资膨胀→中央微调→地方投资冲刺→经济过热→中央严厉的行政调控→经济"硬着陆"→分权。这是本书结合"宏观—微观—互动"三个视角下，梳理的财政分权与经济波动之间的基本关系，也是理解中国式"活乱"循环的基本逻辑。本书采用省级动态面板数据，对该机制进行了实证检验，其结果表明：地方政府的财政支出（投资）膨胀，特别是预算外财政资金的膨胀，是地区宏观经济波动的重要因素之一。

（4）直接效率损失：区域间不断扩大的收入差距，是财政分权所带来激励扭曲的最为直观的外在体现，即区域间竞争压力的差异所导致的竞争效率损失，也就是直接效率损失。具体而言，我国不同地区的经济发展水平等方面差异非常大，财政激励和政治晋升激励对不同地区而言其激励强度同样存在显著的差异：相较于欠发达地区和发达地区，面临着被落后地区追赶和发达地区追赶的"双重压力"的发展中地区竞争压力最大，激励强度最强，对应的效率损失也就最低；落后地区和发达地区由于仅仅分别面临着追赶压力和被追赶压力的"单一压力"，其竞争压力相对较小，激励强度不足，其竞争效率损失也就不大。进一步的归纳可发现区域的经济发展水平与竞争激励强度呈倒"U"形关系，而与竞争效率呈"U"形关系。基于我国县级数据的实证检验，我们进一步验证了分权对竞争效率损失的"U"形论断。从动态发展演化的视角上看，竞争效率损失很有可能导致区域间收入差距的持续扩大以及区域经济增长的"俱乐部收敛"效应：发展中地区对经济增长所作出的相对更大努力，很有可能逐步缩小甚至赶超和发达地区的差距，同时拉大和落后地区的差距；发展中地区如果实现赶超的则最终成为发达地区，而没有实现追赶的发展中地区则很有可能"沦落"为落后地区。最终，我国的东中西部收入差距的"三极分化"分布格局将逐步演变为沿海和内陆差距的"两极分化"格局。与此同时，在为晋升而增长的机制下，这将进一步强化落后地区的行政干预，从而导致资源配置的双轨制配置模式，落后省份"摊大饼"式的城市扩张最终带来的是资源的集聚和资源配置效率的下降，进而导致省会中心城市越是"一股独大"，其背后的省份经济增长越是缓慢。

（5）间接效率损失：财政分权同样会产生间接效率损失，其损失主要体现在由财政分权所产生的经济波动，特别是价格波动所引致的资源配置效率损失。资源配置效率损失即为由于生产资源的配置或者生产要素的组合没有达到最优，使其生产并未达到最优产出水平的损失。本书在理论上构建了基于价格波动的微观企业最优生产要素调整组合模型，模型显示经济波动会产生资源配置效率损失，且损失程度随着价格波动幅度增加及其边际递减的情况，也就是说，资源配置效率损失存在"阈值效应"。具体的传导机制如下：经济波动及其对应的相对生产要素和产品价格的相对变化打破了微观企业原有的最优生产要素配置均衡，企业需要重新调整资源的配置组合使其达到最优的产出水平。然而由于企业在调整资源组合过程中存在"不可忽视"的菜单成本（调整成本），促使企业不会对较小的价格波动做出及时、灵敏的反应，只有当企业通过调整资源组合所带来的收益不低于调整成本时，"近似理性"的企业才会做出相应的调整。沿着这条思路，就资源配置效率的损失而言，面对较小幅度的经济波动，其资源配置效率损失较小，但随着经济波动幅度的增加，其损失也会上升；当经济波动幅度过大而使其调整资源配置组合达到的收益高于其调整成本时，企业会做出相应的生产要素调整，此时，资源配置效率的损失达到最大值即为调整成本。即经济波动对资源配置效率的损失影响是递增的，但存在边际效应递减的效应。本书采用超越对数生产函数的随机前沿方法，基于省级面板数据，从实证角度进一步验证了两者的非线性关系。

第二节　政策建议

本书从体制上分析了中国式经济波动的成因及其可能存在的成本。显然，对于中国这样一个处于发展和转轨中的国家，在宏观经济波动的制度建设治理上，我们需要做更多的探索和经验总结。就本书而言，原则性的政策建议包括如下几点：

（1）在坚持分权的同时，稳定中央和地方的财政关系。正如本书的研究指出，中国的宏观经济波动实际上就是体制性波动，这种体制性波动部分体现为中央与地方政府财政关系的调整带来经济行为的变化，部分体现为既定体制下不规范的财政监督导致的投资规模膨胀。宏观经济波动不是来源于分或者不分，也不全是如何分，更多的情况来源于"在分与不分，分多分少中存在的不确定性"，改革开放以来，可以发现频繁的中央与地方财政关系的调整恰好对应频繁的宏观经济波动。1994 年以前的财政关系频繁调整更是直接导致宏观经济的波动，虽然 1994 年以来的分税制改革已经给现在的中央与地方的财政关系确立了基本的框架，但是在这个框架内部频繁调整的税收分成、频繁调整的事权再配置，依然在一定程度上危害着宏观经济的稳定性。稳定财政关系的同时，对地方政府的财权和事权进行科学合理的设计，中央政府负责提供全国性公共物品、收入再分配和宏观调控等，而地方政府应该更多地负责收益范围有限的地方性公共支出。现有事权划分的不合理，如社会保障、基础教育和医疗卫生等支出给地方财政增加了非常大的财政压力，这些同时也成为地方财政支出不规范、预算外收支膨胀的重要原因之一。

（2）增加对地方政府的预算控制和预算透明化，通过社会的有效参与，提高政府公共支出的使用效率，避免财政膨胀推动的宏观经济波动。首先，必须加强对各级政府财政预算收支的制度化建设，虽然早在1994年我国政府已经通过了《中华人民共和国预算法》，对预算管理权限、收支范围、财政预算编制等方面提出了明确的要求，但是各级政府在预算制定和执行过程中依然表现出明显的随意性和不规范性，对地方政府预算内外收支的监控和管理更是形同虚设。尤为重要的是各级人大对政府预算的监督和控制力度较弱，而地方政府，尤其是乡镇、县级别的财政预算透明度差，隐性债务问题严重，预算编制缺乏统一管理。其次，加强对财政预算的监督和控制，必须进一步落实和加强人民代表大会对预算的监督角色：这一方面需要各级人民代表大会及常务委员会严格承担好自己的责任，履行好自己的监督工作；另一方面则需要地方各级政府必须将预算的编制、执行和决算过程置于人民代表大会及其常委会的监督之下（吴敬琏，2010）。最后，逐步实现各级政府财政收支公开化和透明化，逐步将当前财政收支从不公开到公开化，从被动公开到主动公开，从特例式公开到制度化公开，从粗线条公开到相对细致的公开。需要强调的是，就本书而言，财政透明度的增加主要的目的之一就是提高财政资金的使用效率。通过媒体、民众和其他非政府组织的有效参与，形成对政府财政支出的有效监督，最大限度地限制公共投资对宏观经济系统的不确定性影响。

（3）改革地方政府官员的考核制度，逐步将地方政府官员的"对上"负责制转向"对下"负责制。财政分权制度对经济波动以及由此带来的效率损失是在一系列"互补性"的政治考核制度下实现的，即现有"经济分权和政治集权"是中国式财权分权体系的"互补性制度组合"，因为政府官员的集中考核放大并进一步扭曲了财政分权的激励效应，导致中国式分权在带来经济增长的同时也造成了分权自身的成本，包括经济波动、区域收入差距的扩大、环境污染、贸易保护主义带来市场规模经济的损失，各地方在基础设施领域的过度渗透和对科教文卫等公共服务投入不足等。现有的研究主要考虑到如何设计一个或者多个合理的考核指标，从而通过更加"具体"的考核去约束地方政府的行为，本书认为，这样的制度设计注定是不可能成功的，因为对地方政府官员的考核本质上是一个"多任务委托代理"问题，通过加入更多的考核指标，并不会改变地方政府对没有"纳入考核的指标"的不作为，因为更多的地方公共事务的处理从本质上是无法量化的，从而根本上不可能建立起"更科学、更全面的考核指标"，这种无法量化一方面来源辖区居民偏好的多元性，另一方面又源于公共事务处理的多样性和可变性。所以问题的关键不是如何建立"更合理"的指标进行考核，而是"谁有权进行考核"，或者说对地方的政府官员的考核权力赋予谁。

（4）降低和熨平宏观经济波动还需要建立和完善有活力的市场经济本身。健康的市场经济是治愈经济自身波动的良药。事实上经济波动是市场经济不可回避的一部分，正如 Hayek 强调，市场是一个竞争的过程，是一个发现和协调信息的过程，在这个过程中存在着未知和不确定性，而未知和不确定性本身就意味着波动。没有静止的市场经济，也没有不波动的市场经济，外生的冲击、市场经济中产业结构的调整、技术的研发和扩散，都可以造成宏观经济的波动，对于这样的波动市场本身具有一定的自我修复和调整的能力。但是不同的经济体在修复经济波动的程度存在差异，更健康的、有活力的、更多民营企业参与的市场经济则可以最大限度地降低因为外生的冲击带来的波动，从而避免市场经济的"大起大落"。改革开放以来，中国的宏观经济波动从"大起大落"逐步向"高位收敛"本身就证明了市场化改革是降低宏观经济波动的"免费午餐"。

第三节　研究展望

本书探索了影响我国宏观经济周期性波动的体制性因素，研究了中国式的财政分权与宏观经济"活乱"循环之间的关系，并在此基础上分别研究了财政分权与宏观经济波动的效率损失。但本书的研究并不是十分充分的，部分内容存在进一步研究的空间。

（1）财政分权通过产业结构对区域经济波动影响的可能性。关于财政分权与经济波动，我们只是从总量上分析了政府支出对总供给和总需求方面可能的影响，显然还存在其他可能的影响机制和渠道需要做进一步的探索。主要包括：财政分权对产业结构的可能影响，地方政府在税收上的竞争导致产业结构的同化。因为地方政府的税收主要来源于增值税，而增值税又主要来源于制造业，所以税收竞争可能导致不同地区制造业的趋同，产业同构意味着各地区之间的产业高度联动，毫无疑问这增加了宏观经济的波动性，并造成宏观经济面对外在冲击上的脆弱性。

（2）财政分权与货币政策内生可能性。本书中我们并没有探讨货币政策的作用，但是显然宏观经济的波动与货币政策之间关系紧密。财政分权对宏观经济波动的影响最终需要货币政策的"配合"。但是货币政策如何配合，无论是本书还是现有文献都涉及不多。考虑到近期货币政策，我们依然可以寻找出一些联系。如第一点所说，财政分权带来税收激励导致产业趋同，产业趋同导致产品同质化，主要的体现就是外向型经济和大幅度的贸易顺差，由此进一步导致货币升值压力，为了避免货币升值对出口的影响，导致货币供给的大量增加。即现有的内外经济结构失衡和货币供给的内生化，背后可能同样存在着地方政府之间竞争的印迹。当然关于这一点需要做进一步的经验。

（3）财政分权效率损失研究。我们认为财政分权的效率损失显

然不仅仅造成对区域收入差距的影响，而且带来对区域收入差距的
影响；显然也不仅仅是本书所提及的竞争扭曲，应该存在更多的其
他可能的影响机制，包括初始的禀赋结构对激励影响，包括分权体
制下的税收返还对落后地区的影响，包括财政转移支付制度对不同
地区的均等化效应的影响等，还包括在区域内部不同地区之间竞争
等，在我们近期的一项研究中，我们就发现不同地区地级市的数量
对区域经济的发展都存在不同的影响，这同样可能根源于地级市数
量本身就代表不同程度的竞争强度。

（4）最后也是最重要的一点就是，我们认为关于经济波动对经
济效率损失的研究存在更多的进一步研究的空间，本书中我们仅仅
研究了价格波动对资源配置效率损失的影响，价格波动对企业研发
或者说价格波动对技术进步的影响如何？价格波动对不同地区要素
积累的影响如何？这些都是本书没有涉及的。希望在未来研究中，
我们能够在这一领域与国内外经济学同行达成更多的共识，以增加
我们对中国经济波动这一基本问题的认识。

参考文献

布莱恩·斯诺登、霍华德.R：《现代宏观经济学：起源、发展和现状》，江苏人民出版社 2009 年版。

陈抗、Hillman、顾清扬：《财政集权与地方政府行为变化——从援助之手到掠夺之手》，《经济学》（季刊）2002 年第 2 期。

陈昆亭、龚六堂：《中国经济增长的周期与波动的研究——引入人力资本后的模型》，《经济学》（季刊）2004 年第 7 期。

陈晓光、张宇麟：《信贷约束、政府消费与中国实际经济周期》，《经济研究》2010 年第 12 期。

陈钊、陆铭、金煜：《中国人力资本和教育发展的区域差异：对于面板数据的估算》，《世界经济》2005 年第 12 期。

樊纲、张曙光等：《公有制宏观经济理论大纲》，上海人民出版社 1994 年版。

樊纲：《通货紧缩、有效降价与经济波动》，《经济研究》2003 年第 7 期。

范子英：《非均衡增长——分权、转移支付与区域发展》，上海人民出版社 2014 年版。

范子英、张军：《财政分权，转移支付与国内市场整合》，《经济研究》2010 年第 3 期。

方红生、张军：《中国地方政府竞争，预算软约束与扩张偏向的财政行为》，《经济研究》2009 年第 12 期。

傅勇、张晏：《中国式分权与财政支出结构偏向：为增长而竞争的代价》，《管理世界》2007 年第 3 期。

高鹤：《财政分权，经济结构与地方政府行为：一个中国经济转型的理论框架》，《世界经济》2006 年第 10 期。

龚敏、李文博：《中国经济波动总供给与总需求冲击作用分析》，《经济研究》2007 年第 11 期。

龚刚：《实际商业周期：理论、检验与争议》，《经济学》（季刊）2004 年第 4 期。

龚刚、林毅夫：《过度反应：中国经济"缩长"之解释》，《经济研究》2007 年第 4 期。

郭庆旺、贾俊雪：《地方政府行为、投资冲动与宏观经济稳定性》，《管理世界》2006 年第 5 期。

郭庆旺、贾俊雪：《地方政府间策略互动行为、财政支出竞争与区域经济增长》，《管理世界》2009 年第 10 期。

胡书东：《经济发展中的中央与地方关系》，上海人民出版社 2001 年版。

黄佩华：《国家发展与地方财政》，中信出版社 2003 年版。

黄险峰：《真实经济周期理论》，中国人民大学出版社 2003 年版。

黄赜琳：《中国经济周期特征与财政政策效应——一个基于三部门 RBC 实证模型的分析》，《经济研究》2005 年第 6 期。

江孝感、魏峰、蒋尚华：《我国财政转移支付的适度规模控制》，《管理世界》1999 年第 3 期。

蒋省三、刘守英、李青：《中国土地制度改革：政策演进与地方实施》，上海人民出版社 2010 年版。

林毅夫、蔡昉、李周：《中国的奇迹：发展战略与经济改革》，上海人民出版社 1998 年版。

李国平、范红忠：《生产集中，人口分布与地区经济差异》，《经济研究》2003 年第 11 期。

李明、李慧中：《政治资本与中国的地区收入差异》，《世界经济文汇》2010 年第 5 期。

刘生龙、胡鞍钢：《交通基础设施与经济增长：中国区域差距的视角》,《中国工业经济》2010 年第 4 期。

刘晓光、卢锋:《中国资本回报率上升之谜》,《经济学》(季刊)2014 年第 3 期。

李萍:《中国政府间财政关系图解》,中国财政经济出版社 2006 年版。

李猛、沈坤荣:《地方政府行为对中国经济波动的影响》,《经济研究》2010 年第 12 期。

李勇:《性波动、市场性波动与经济周期》,《南方经济》2010 年第 7 期。

刘树成:《中国经济波动的新轨迹》,《经济研究》2003 年第 3 期。

刘金全、张鹤:《经济增长风险的冲击传导和经济周期波动的"溢出效应"》,《经济研究》2003 年第 10 期。

刘瑞明、白永秀:《晋升激励、宏观调控与经济周期:一个政治经济学框架》,《南开经济研究》2007 年第 5 期。

刘霞辉:《为什么中国经济不是过冷就是过热?》,《经济研究》2004 年第 11 期。

卢二坡、王泽填:《短期波动对长期增长的效应》,《统计研究》2007 年第 6 期。

陆铭、陈钊、严冀:《收益递增、发展战略与区域经济的分割》,《经济研究》2004 年第 1 期。

陆铭:《空间的力量:地理,政治与城市发展》,上海人民出版社 2013 年版。

陆铭、陈钊:《分割市场的经济增长——为什么经济开放可能加剧地方保护?》,《经济研究》2009 年第 3 期。

陆铭、向宽虎、陈钊:《中国的城市化和城市体系调整:基于文献的评论》,《世界经济》2011 年第 6 期。

李永友:《经济波动对经济增长的减损效应:中国的经验证据》,《当代经济科学》2006 年第 4 期。

梅冬州、王子健、雷文妮:《党代会召开、监察力度变化与中国经济波动》,《经济研究》2014 年第 3 期。

马亮:《官员晋升激励与政府绩效目标设置:中国省级面板数据的实证研究》,《公共管理学报》2013 年第 10 期。

潘文卿:《中国区域经济差异与收敛》,《中国社会科学》2010 年第 1 期。

单豪杰:《中国资本存量 K 的再估算:1952—2006 年》,《数量经济技术经济研究》2008 年第 10 期。

史宇鹏、周黎安:《地区放权与经济效率:以计划单列市为例》,《经济研究》2007 年第 1 期。

沈坤荣、马俊:《中国经济增长的"俱乐部收敛"特征及其成因研究》,《经济研究》2002 年第 1 期。

沈立人、戴园晨:《我国"诸侯经济"的形成及其弊端和根源》,《经济研究》1990 年第 3 期。

饶晓辉、刘方:《政府生产性支出与中国的实际经济波动》,《经济研究》2014 年第 11 期。

吴敬琏:《当代中国经济改革教材》,上海远东出版社 2010 年版。

王志刚、龚六堂、陈玉宇:《地区间生产效率与全要素生产率增长率分解(1978—2003)》,《中国社会科学》2006 年第 2 期。

王永钦、张晏、章元、陈钊、陆铭:《中国的大国发展道路:论分权式改革的得失》,《经济研究》2007 年第 1 期。

王绍光:《分权的底限》,中国计划出版社 1997 年版。

万广华、朱翠萍:《中国城市化面临的问题与思考:文献综述》,《世界经济文汇》2010 年第 6 期。

王小鲁、樊纲、刘鹏:《中国经济增长方式转换和增长可持续性》,《经济研究》2009 年第 1 期。

魏后凯:《外商直接投资对中国区域经济增长的影响》,《经济研究》2012 年第 4 期。

徐林、霍侃、于宁:《中国城镇化蓝图》,《中国改革》2013 年第 5 期。

徐现祥、王贤彬、高元骅:《中国区域发展的政治经济学》,《世界经济文汇》2011 年第 3 期。

徐现祥、王贤彬、舒元:《地方官员与经济增长——来自中国省长、省委书记交流的证据》,《经济研究》2009 年第 9 期。

许成刚:《政治集权下的地方分权与中国改革》,中信出版社 2009 年版。

严冀、陆铭:《分权与区域经济发展:面向一个最优分权程度的理论》,《世界经济文汇》2003 年第 3 期。

杨志勇、杨之刚:《中国财政制度改革 30 年》,上海人民出版社 2008 年版。

杨海生、陈少凌、罗党论、佘国满:《政策不稳定性与经济增长:来自中国地方官员变更的经验证据》,《管理世界》2014 年第 9 期。

姚洋、张牧扬:《官员绩效与晋升锦标赛:来自城市数据的证据》,《经济研究》2013 年第 1 期。

姚先国、张海峰:《教育,人力资本与地区经济差异》,《经济研究》2008 年第 5 期。

尹锋、李慧中:《建设用地,资本产出比率与经济增长——基于 1999—2005 年中国省际面板数据的分析》,《世界经济文汇》2008 年第 2 期。

张晏:《标尺竞争在中国存在吗?——对我国地方政府公共支出相关性的研究》,复旦大学工作论文,2005 年。

张晏、龚六堂:《分税制改革、财政分权与中国经济增长》,《经济学》(季刊)2006 年第 1 期。

张军、周黎安:《为增长而竞争——中国增长的政治经济学》,上海人民出版社 2008 年版。

张军:《中国经济发展:为增长而竞争》,《世界经济文汇》2004 年第 4 期。

张军、章元:《对中国资本存量 K 的再估计》,《经济研究》2003 年第 7 期。

张军、金煜：《中国的金融深化与生产率关系的再检测：1987—2001》，《经济研究》2005 年第 11 期。

张五常：《中国的经济制度》，中信出版社 2009 年版。

张曙霄、戴永安：《异质性、财政分权与城市经济增长：基于面板分位数回归模型的研究》，《金融研究》2012 年第 1 期。

中国经济增长与宏观稳定课题组：《金融发展与经济增长：从动员性扩张向市场配置的转变》，《经济研究》2007 年第 4 期。

周业安、章泉：《参数异质性、经济趋同与中国区域经济发展》，《经济研究》2008 年第 1 期。

张吉鹏、吴桂英：《中国地区差距：度量与成因》，《世界经济文汇》2004 年第 4 期。

周其仁：《农地产权与征地制度——中国城市化面临的重大选择》，《经济学》（季刊）2004 年第 1 期。

周黎安：《晋升博弈中政府官员的激励和合作》，《经济研究》2004年第 6 期。

周黎安、李宏彬、陈烨：《相对绩效考核：关于中国地方官员晋升的一项经验研究》，《经济学报》2005 年第 1 期。

周黎安：《中国地方官员的晋升锦标赛模式研究》，《经济研究》2007 年第 7 期。

Arellano, M. and S. Bond, "Some Tests of Specification for Panel Data: Monte Carlo Evidence and an Application to Employment Equations", *The Review of Economic Studies*, Vol. 58, No. 2, 1991.

Andrew Feltensteina, Shigeru Iwata, "Decentralization and Macroeconomic Performance in China: Regional Autonomy Has Its Costs", *Journal of Development Economics*, Vol. 76, 2005.

Albert Park, Minggao Shen, "Refinancing and Decentralization: Evidence from China", *Journal of Economic Behavior & Organization*, Vol. 66, 2008.

Aizenman, J. , and Marion, N. , "Volatility and Investment: Interpreting Evidence from Developing Countries", *Economica*, Vol. 66, 1999.

Aghion P. , Angeletos G. M. , Banerjee A. , Manova K. , "Volatility and Growth: Credit Constraints and Productivity – Enhancing Investment", *Working Paper*, 2005.

Bardhan, P. , "Decentralization of Governance and Development", *Journal of Economic Perspectives*, Vol. 16, No. 4, 2002.

Bardhan, P. and D. Mookherjee, "Decentralisation and Accountability in Infrastructure Delivery in Developing Countries", *The Economic Journal*, Vol. 116, No. 508, 2006.

Blanchard, O. J. and Quah, D. , "The Dynamic Efects of Aggregate Demand and Supply Disturbances", *American Economic Review*, Vol. 79, 1989.

Blanchard, O. , Shleifer, A. , "Federalism with and without Political Centralization: China versus Russia", *NBER Working Paper*, No. 7616, 2000.

Bleakley, H. and J. Lin, "Portage and Path Dependence", *The Quarterly Journal of Economics*, Vol. 127, No. 2, 2012.

Blundell, R. and S. Bond, "Initial Conditions and Moment Restrictions in Dynamic Panel Data Models", *Journal of Econometrics*, Vol. 87, No. 1, 1998.

Burns, A. F. and Mitchell, W. C. , "Measuring Business Cycles", *NBER Working Paper*, 1946.

Combes, P. – P. , T. Mayer and J. – F. Thisse, *Economic Geography: The Integration of Regions and Nations*, Princeton University Press, 2008.

Cover, J. P. , Walter, E. , and Hueng, C. J. , "Using the Aggregate Demand – Aggregate Supply Model to Identify Structural Demand—

Side and Supply—Side Shocks: Results Using a Bivariate VAR", *Journal of Money, Credit and Banking*, Vol. 38, No. 3, 2006.

Cai, Hongbin and Daniel Treisman, "Does Competition for Capital Discipline Governments? Decentralization, Globalization and Public Policy", *American Economic Review*, Vol. 95, No. 3, 2005.

Canton. E. , "Business Cycles in a Two – Sector Model of Endogenous Growth", *Economic Theory*, Vol. 19, No. 3, 2002.

Demurger, S. , "Infrastructure Development and Economic Growth: An Explanation for Regional Disparities in China?" *Journal of Comparative Economics*, Vol. 29, No. 1, 2001.

Fan, S. , R. Kanbur and X. Zhang, "China's Regional Disparities: Experience and Policy", *Review of Development Finance*, Vol. 1, No. 1, 2011.

Fleisher, B. , H. Li and M. Q. Zhao, "Human Capital, Economic Growth, and Regional Inequality in China", *Journal of Development Economics*, Vol. 92, No. 2, 2010.

Friedman, M. , *Studies in the Quantity Theory of Money*, Chicago: University of Chicago Press, 1956.

Glaeser, E. , *Triumph of the City: How Our Greatest Invention Makes Us Richer, Smarter, Greener, Healthier and Happier*, Penguin Press, 2011.

Golley, J. , "Regional Patterns of Industrial Development During China's Economic Transition", *Economics of Transition*, Vol. 10, No. 3, 2002.

Han, S. S. and B. Qin, "The Cities of Western China: A Preliminary Assessment", *Eurasian Geography and Economics*, Vol. 46, No. 5, 2005.

Hayek, F. A. , *Monetary Theory and the Trade Cycle*, London: Jonathan Cape, 1933.

Henderson, J. V. and H. G. Wang, "Urbanization and City Growth: The Role of Institutions", *Regional Science and Urban Economics*, Vol. 37, No. 3, 2007.

Imai, Hiroyuki, "Chinaps Endogenous Investment Cycle", *Journal of Comparative Economics*, No. 19, 2005.

Imbs, J., "Growth and Volatility", *Journal of Monetary Economics*, Vol. 54, 2007.

Islam, N., "Growth Empirics: A Panel Data Approach", *The Quarterly Journal of Economics*, Vol. 110, No. 4, 1995.

Jefferson, G. H., T. G. Rawski and Y. Zhang, "Productivity Growth and Convergence across China's Industrial Economy", *Journal of Chinese Economic and Business Studies*, Vol. 6, No. 2, 2008.

Jin, H., Y. Qian, and B. Weignast, "Regional Decentralization and Fiscal Incentives: Federalism, Chinese Style", *Journal of Public Economics*, Vol. 89, 2005.

Kanbur, R. and X. Zhang, "Fifty Years of Regional Inequality in China: A Journey through Central Planning, Reform, and Openness", *Review of Development Economics*, Vol. 9, No. 1, 2005.

Kenneth Keng, C., "China's Unbalanced Economic Growth", *Journal of Contemporary China*, Vol. 15, No. 46, 2006.

Krugman, P., "Increasing Returns and Economic Geography", *The Journal of Political Economy*, Vol. 99, No. 3, 1991.

Kydland, F. E. and E. F. Prescott, "Time to Build and Aggregate Fluctuation", *Econometrica*, Vol. 50, 1982.

Kose, et al., "How Do Trade and Financial Integration Affect The Relationship between Growth and Volatility?" *Journal of International Economics*, Vol. 69, 2006.

Landry, P. F., *Decentralized Authoritarianism in China: The Communist Party's Control of Local Elites in the Post – Mao Era*, Cambridge University Press, 2008.

Li, H. and L. – A. Zhou, "Political Turnover and Economic Perform-ance: The Incentive Role of Personnel Control in China", *Journal of Public Economics*, Vol. 89, No. 92, 2005.

Li, L., "The Incentive Role of Creating 'Cities' in China", *China E-conomic Review*, Vol. 22, No. 1, 2011.

Lin, J. Y and Z. Liu, "Fiscal Decentralization and Economic Growth in China", *Economic Development and Cultural Change*, Vol. 49, No. 1, 2000.

Long, J. B. and C. I. Plosser, "Real Business Cycle", *Journal of Politi-cal Economy*, Vol. 91, 1983.

Loren Brandt, Ziaodong Zhu, "Redistribution in a Decentralized Econo-my: Growth and Inflation in China Under Reform", *The Journal of Political Economy*, Vol. 108, 2000.

Ma, L. J., "Urban Transformation in China, 1949 – 2000: A Review and Research Agenda", *Environment and Planning*, Vol. 34, No. 9, 2002.

Ma, L. J., "Urban Administrative Restructuring, Changing Scale Rela-tions and Local Economic Development in China", *Political Geogra-phy*, Vol. 24, No. 4, 2005.

Mankiw, N. G. and Romer, D., *New Keynesian Economics*, MA: MIT Press, 1991.

Musgrave, R. A *The Thoery of Public Finance*, New York: McGraw – Hill, 1959.

Mobarak, AM., "Democracy, Volatility and Development", *The Review of Economics and Statistics*, Vol. 87, No. 2, 2005.

Naughton, B., *The Chinese Economy: Transitions and Growth*, MIT Press, 2007.

North, D. C., *The Rise of the Western World: A New Economic History*,

Cambridge University Press, 1973.

Oates, Wallace. E. "An Essay on Federalism", *Journal of Economic Literature*, 1999.

Philippe Aghion, Nick Bloom, Richard Blundell, Rachel Griffith and Peter Howitt, 2005, "Competition and Innovation: An Inverted – U Relationship", *The Quarterly Journal of Economics*, Vol. 120, No. 2, 2005.

Pindyck, Robert S., "Irreversibility, Uncertainty, and Investment", *Journal of Economic Literature*, Vol. 29, No. 3, 1991.

Qian, Y. and G. Roland, "Federalism and the Soft Budget Constraint", *American Economic Review*, Vol. 77, 1998.

Qian, Y. G. Roland and C. Xu, "Coordinating Changes in M – Form and U – Form Organizations", *Working Paper*, 1988.

Qian, Y. G. Roland and C. Xu, "Why China's Different from Eastern Europe? Perspectives From Organization Theory", *European Economic Review*, Vol. 43, 1999.

Qian, Yingyi and Barry R. Weingast, "Federalism as a Commitment to Preserving Market Incentives", *Journal of Economic Perspectives*, Vol. 11, No. 4, 1997.

Ramey, G., Ramey, V., "Cross – country evidence on the link between volatility and growth", *American Economic Review*, Vol. 85, 1995.

Rafferty, M., "Growth – business cycle interaction: A look at the OECD", *International Advances in Economic Eesearch*, Vol. 10, No. 3, 2004.

Richard A Musgrave, *Public Finance in Theory and Practic*, Oxford: Basil Blackwell, 1985.

Shih, V. and Q. Zhang, "Who Receives Subsidies? A Look at the County Level in Two Time Periods", In Paying for Progress in China,

Eds. by S. Viviene and C. Wong, 2007.

Su, F. and D. L. Yang, "Political Institutions, Provincial Interests, and Resource Allocation in Reformist China", *Journal of Contemporary China*, Vol. 9, No. 24, 2000.

Szelenyi, I. and E. Kostello, "The Market Transition Debate: Toward a Synthesis?" *American Journal of Sociology*, Vol. 101, No. 4, 1996.

Tiebout, Charles, "A Pure Theory of Local Expenditure", *Journal of Political Economy*, Vol. 64, 1956.

Tsui, K. – Y., "Local Tax System, Intergovernmental Transfers and China's Local Fiscal Disparities", *Journal of Comparative Economics*, Vol. 33, No. 1, 2005.

Turnovsky, S. J., Chattopadhyay, P., "Volatility and Growth in Developing Economies: Some Numerical Results and Empirical Evidence", *Journal of International Economics*, 2003.

Walter Enders, *Applied Econometric Time Series*, John Wiley & Sons, 2004.

Wang, Hung – Jen, P. Schmidt, "One – Step and Two – Step Estimation of the Effects of Exogenous Variables on Technical Efficiency Levels", *Journal of Productivity Analysis*, Vol. 18, 2002.

Wang, Z. and J. Zhu, "Evolution of China's City – Size Distribution: Empirical Evidence from 1949 to 2008", *Chinese Economy*, Vol. 46, No. 1, 2013.

Wei, Y. D. and X. Ye, "Regional Inequality in China: A Case Study of Zhejiang Province", *Tijdschriftvoor Economische en sociale Geografie*, Vol. 95, No. 1, 2004.

Wong, C., "Fiscal Management for a Harmonious Society: Assessing the Central Government's Capacity to Implement National Policies", *Working Paper*, No. 4, 2007.

Wong, C. P. , *Financing Local Government in the People's Republic of China*, Oxford University Press, 1997.

Wu, F. and J. Zhang, "Planning the Competitive City – Region the E-mergence of Strategic Development Plan in China", *Urban Affairs Review*, Vol. 42, No. 5, 2007.

Xu, C. , "The Fundamental Institutions of China's Reforms and Development", *Journal of Economic Literature*, Vol. 49, No. 4, 2011.

Xu, J. and A. G. Yeh, "City Repositioning and Competitiveness Building in Regional Development: New Development Strategies in Guangzhou, China", *International Journal of Urban and Regional Research*, Vol. 29, No. 2, 2005.

Young, A. , "The Razor's Edge: Distortions and Incremental Reform in the People's Republic of China", *The Quarterly Journal of Economics*, 2000.

Zhang, P. and V. Shih, "Deficit Estimation and Welfare Effects after the 1994 Fiscal Reform in China: Evidence from the County Level", *China & World Economy*, Vol. 16, No. 3, 2008.

Zhang, X. , "Fiscal Decentralization and Political Centralization in China: Implications for Growth and Inequality", *Journal of Comparative Economics*, Vol. 34, No. 4, 2006.

Zhang, Y. and Wan, G. H. , "China's Business Cyeles, Perspectives from an AD – AS Model", *Asian Economic Journal*, Vol. 19, 2005.

Zhang, T. and H. Zou, "Fiscal Decentralization, Public Spending, and Economic Growth in China", *Journal of Public Economics*, Vol. 67, 1998.

Zhang, Xiaobo and Kevin H. Zhang, "How Does Globalization Affect Regional Inequality within a Developing Country? Evidence from China", *Journal of Development Studies*, Vol. 39, No. 4, 2003.

Zhang, Xiaobo, "Fiscal Decentralization and Political Centralization in China: Implications for Growth and Inequality", *Working Paper*, 2006.

Zhuravskaya, E. V., "Incentives to Provide Local Public Goods: Fiscal Federalism, Russian Style", *Journal of Public Economics*, Vol. 76, 2000.